KB210493

크리스토프 블룸하르트
1842-1919

1842년 독일 뫼트링겐에서 요한 크리스토프 블룸하르트의 아들로 태어났다. 삶의로서의 신앙을 중시하고 하나님의 기적을 자연스럽게 받아들이며 성장한 그는 튀빙겐에서 신학을 공부했다. 그후 독일의 바트볼로 돌아와 아버지를 도왔고, 아버지 사후에도 그곳에서 사역을 이어갔다. 곧 그는 아버지처럼 복음전도자와 성령치유자로 높은 명성을 얻게 된다.

하지만 병든 몸을 이끌고 찾아오는 가난한 노동자들을 대하면서 블룸하르트의 시선은 점점 세상으로 옮겨간다. 당대의 사회·경제적 문제에 관심을 가지게 된 그는 결국 노동자 탄압에 반대하는 시위에 참석하여 세상을 놀라게 한다. 독일 사민당에 들어가 본격적으로 정치 활동을 시작한 블룸하르트는 지방 의원으로 당선되어 6년간 의정활동을 하기도 했다. 그러나 임기가 마무리될 즈음에 정당 정치에 환멸을 느껴 재선에 도전하지 않은 채, 바트볼로 돌아가 1919년, 생을 마감할 때까지 다시 목회자의 길을 걸었다.

비록 오늘날에는 그 이름이 잘 알려지지 않았지만, 그가 살았던 당시에는 수많은 사람에게 영향을 끼쳤다. 블룸하르트는 신학적으로나 정치적으로나 특징짓기 쉽지 않은 인물이다. 블룸하르트는 스위스와 독일의 "종교 사회주의와 변증법 신학Dialectical Theology"이라는 두 개의 운동이 태동하는 데 결정적인 역할을 했음에도 불구하고 자신의 어떠한 "신학 체계"도 세우지 않았다. 그의 생각들은 레온하르트 라가츠, 칼 바르트, 디이트리히 본훼퍼, 자고 엘륄, 에밀 브루너, 오스카 쿨만 그리고 위르겐 몰트만 같은 신학 거장들에게 지대한 영향을 끼쳤다. 그리고 블룸하르트 부자는 예수의 산상수훈의 가르침에 기초한 세계적인 공동체 브루더호프의 신앙과 삶에 계속해서 영향을 미치고 있다.

블룸하르트는 인류 진보를 위협하는 가장 큰 위험이 바로 "기독교"라고 확신했다. 그가 말하는 기독교란 영적인 것과 물질적인 것을 분리해서 생각하고, 하나님의 의를 위한 실제적인 일 대신에 이기적이고 자기만족적이며 피안적인 종교성만을 부추기는 의식과 종교행위로 가득한 일요일 종교를 말한다. 그는 예배 형식과 자기 구원, 내세에만 집중하여 삶의 진정한 변화와 하나님나라의 정의를 도외시하는 허울뿐인 기독교를 한탄했다.

블룸하르트는 예수님이 전하고자 한 것은 새로운 세상, 즉 하나님이 만물을 통치하시는 하나님나라라고 믿었다. 블룸하르트에게 있어서 복음은 인간 삶에 혁명을 요구한다. 가장 중요한 것은 다가올 하나님의 통치이다. 그리고 하나님나라는 기독교나 다른 어떤 종교 제도나 인간적인 진보사상과 혼동되어선 안 된다.

그의 저서 중 『저녁 기도』,『예수처럼 아이처럼』,『숨어있는 예수』가 한국에 소개되었다.

편안한 기독교는 세상을 변화시킬 수 없다

– 크리스토프 블룸하르트 –

옮긴이 **전나무**

20대에 진리에 대한 갈급함으로 신학공
부를 하면서 블룸하르트의 사상에 심취
하였다. 하나님과 상관없는 신학과 천
박한 교회신앙의 혼돈이 가득한 교계
속에서 블룸하르트가 기다리고 서두르
던 하나님나라의 사상에서 힘을 얻어
성경의 약속을 포기하지 않을수 있었다.
서울의 어느 공동체에서 참교회에 대한
소망을 발견하고 공동체 관련 서적을 출
판하면서 번역가로 활동하였다. 현재
목수일을 하며 그리스도를 알아가는 일
에 매진하고 있다. 번역서로 『잃어버린
기술 용서』, 『예수처럼 아이처럼』, 『예수
는 승리자다』, 『공동체로 사는 이유』 등
이 있다.

행동하며 기다리는 하나님나라

Action in Waiting

행동하며 기다리는 하나님나라
Action in Waiting

크리스토프 블룸하르트

로드니 클랩 서문

칼바르트 후기

행동하며 기다리는 하나님나라

지은이	크리스토프 프리드리히 블룸하르트
옮긴이	전나무
초판발행	2018년 5월 28일
초판2쇄	2024년 3월 28일
펴낸이	배용하
책임편집	김영범
디자인	배용하
등록	제364-2008-000013호
펴낸곳	도서출판 대장간
	www.daejanggan.org
등록한곳	충청남도 논산시 가야곡면 매죽헌로1176번길 8-54
대표전화	(041) 742-1424 전송 (0303) 0959-1424
분류	기독교	신앙	하나님나라
ISBN	978-89-7071-454-7 03230
CIP제어번호	CIP2018015776

 값 12,000원

추천사

로드니 클랩, 『구별된다는 기쁜 의미』의 저자
가슴이 벅차오른다. 쉬우면서도 강렬한 언어로, 블룸하르트는 개인적인 평안은 단지 더 위대하며 더 놀라운 선물, 바로 하나님나라가 온다는 확신을 싸고 있는 포장지에 지나지 않는다는 사실을 상기시킨다.

클라크 피녹, *Flame of Love*의 저자
블룸하르트는 구체적인 방법으로 세상을 변화시키는 하나님의 능력을 전적으로 소망하고 있다. 그 소망은 인간의 능력이 아니라 하나님의 은혜와 승리에 기초한 거룩한 낙관론이다.

도날드 G. 블러쉬, 『복음주의 신학의 정수』의 저자
현대 교회는 이 선지자의 말에 귀를 기울여야 한다. 그는 하나님의 나라가 가까이 왔다는 강한 기대 속에서 용기와 확신을 갖고 행동하라고 외친다.

로버트 웨버, 『젊은 복음 주의자를 말하다』의 저자

이 책은 포스트모던 시대 기독교가 반드시 들어야할 메시지다. 예수님은 모든 권세들을 이기시는 승리자시다. 그리고 하나님의 백성인 우리는 그 승리를 온전히 경험할 사명이 있다.

버날드 엘러, *Christian Anarchy*의 저자

블룸하르트는 하나님이 '모든' 것들을 새롭게 하실 것이라고 믿었다. 그는 우리에게 새롭게 하는 일에 동참하고 헌신하라고 도전한다.

데일 W. 브라운, 『경건주의 이해』의 저자

블룸하르트는 정의와 사랑과 평화의 나라가 도래하고 있다는 점에 초점을 맞추며 종말론과 윤리를 놀랍게 통합시킨다.

존 밀러, 「메노나이트 계간지」 편집자

이 글은 우리가 살고 있는 시대를 위해 쓰였다. 우리 시대 학자나 신학자들은 하나님나라를 증언하는 데 완전히 실패했다.

윌리엄 다이어네스, 『주제별로 본 구약 신학』의 저자

크리스토프 블룸하르트의 글은 산 속에 흐르는 맑고 시원한 시냇물과 같다. 그것은 우리 같이 힘을 잃은 포스트모던인들에게 필요한 활력소이다. 나는 블룸하르트가 칼 바르트에게 엄청난 영향을 끼쳤다는 것은 익히 알고 있었다. 하지만 이 책을 읽고 나서야 비로소 그 이유를 알 것 같다.

유진 H. 피터슨, 『하나님의 신비에 눈뜨는 영성』의 저자

교회가 세상에 야합하는 전략과 프로그램으로 점점 침몰하는 가운데 블룸하르트는 흔들림 없이 당당한 모습으로 수평선 위에 서있다. 그의 삶과 글은 세상에 타협하고 비틀거리는 예수님의 제자들을 위한 아드레날린이다.

스탠리 하우어워스, 『한나의 아이』의 저자

바르트가 블룸하르트의 중요성을 발견한 것은 분명 우연이 아니다. 바르트 외에 그처럼 가차 없이 종교를 공격한 이가 있던가? 그 외에 누가 과연 기독교가 이상한 하나님을 섬기고 있다는 것을 우리에게 상기시켜 줄 것인가? 누가 또 그처럼 분명한 믿음의 언어를 구사할 것인가? 플라우 출판사가 블룸하르트의 글을 펴낸 사실은, 바르트의 표현을 빌자면, 바로 '행동하며 기다리는' 일인 것이다.

차례

서문
Foreword

어느 유명한 목사가 쓴 책에서 이런 글을 읽었다.

저는 요즘 하나님의 축복을 누리고 삽니다. 하나님은 내 기도를 들어주시고, 나에게 능력을 주십니다. 또 말씀으로 내게 음성을 들려주시며, 매일 나의 삶을 인도해주십니다. 그분은 나에게 사랑스런 관계들을 허락하십니다. 하나님은 나를 위해 놀라운 것들을 준비해 놓고 계십니다.

온통 "나는", "내", "나에게", "내게", "나와", "나를" 뿐이다. 그리스도 안에서 도래한 하나님나라가 이런 모습일까? 하나님은 그리스도인들의 응석을 받아주시고 원하는 것을 모두 채워주시는 분인가? 하나님나라는 모두 "나"와 "나의 것"에 초점이 맞추어져 있단 말인가? 또 세상의 복잡한 정치 사회적인 문제들과는 상관없이 '하나님의 음성 듣기'나 '성령의 인도'같이 내면의 삶에만 한정되어 있단 말인가? 만약 여러분이 그렇게 생각한다면 나는 경종을 울리지 않을 수 없으며, 사도 바울이 말했듯이 우리 그리스도인은 "모든 사람 가운데 가장 불쌍한 자"^{고린도전서 15장 19절}일 것이다.

이글을 쓰고 있는 이번 주 초 아칸소 주에서는 열한 살짜리와 열세 살짜리 학생 둘이 급우들과 교사에게 총을 난사하는 사건이 있었다. 사회 곳곳에 어둠의 세력이 마수를 뻗치지 않은 곳이 없다. 미국 전역으로 퍼지는 빈곤악화, 끝이 보이지 않는 심각한 인종갈등, 십대 자살 증가. 그 외 수많은 사회문제들. 고통과 위기는 미국만의 문제가 아니다. 중동지역은 언제 일어날지 모르는 폭탄테러로 불안에 떨고 있고, 남아프리카 공화국과 다른 아프리카 나라들은 화해와 민주주의를 위한 대범한 실험을 시도하고 있지만 그런 시도가 어떤 결과를 가져올지 아무도 모르는 상황에서 모두 숨죽이며 상황을 지켜보고 있다. 이런 와중에도 지구상의 나라들 대부분은 북미 대륙의 추악한 부의 축적과 소비 행태, 그리고 천박한 대중문화를 모방하느라 여념이 없다.

낙태와 영아살해. 환경파괴. 성차별과 갈등. 과학의 우상화. 노인에 대한 존중심 감소에 따른 안락사의 합법화. "죽을 때 가장 많은 장난감을 가진 자가 승자다"^{He who dies with the most toys}

wins.*처럼 무지와 어리석음 위에 세워지고 유지되는 세계경제. 사형제도라는 국가적인 살인행위의 급증. 온 인류를 공포로 몰아넣는 핵 재앙의 위협.

세상은 스스로 구원할 수 없다. 오늘날 중상위층의 안락한 환경에 길들여 있는 많은 교회가 강대상에서 외치고 있는 것과 달리, 하나님나라의 복음은 부자들의 내면적 평안과 아무런 관련이 없다. 그런 복음으로는 세상에 아무런 변화도 가져올 수 없다. 하나님의 나라는 훨씬 위대하고 약동적이며 도전적이다.

한때 정치인이기도 했던 독일 목사 크리스토프 블룸하르트 Christoph Friedrich Blumhard는 이 사실을 너무도 잘 알고 있었다. 그 때문에 나는 블룸하르트 부자의 글을 읽으면서 감격하고 위로를 받았다. 그리고 만나는 사람마다 블룸하르트를 읽어보라고 추천했다. 블룸하르트의 뛰어난 설교들을 모아 새롭게 발간하는 이 책의 추천서를 쓰게 된 것은 내게 크나큰 특권이다.

블룸하르트 부자父子는 일반 서민을 위한 목회자였다. 두 사람의 설교는 쉽고 단순하며 직설적이다. 위대한 신학자들에게서 볼 수 있는 난해함과 애매모호함이 그들에겐 전혀 없다. 블룸하르트는 하나님의 나라, 곧 성경에 기록되어 있는 예수 그리스도의 승리를 그 온전한 의미로 새롭게 재발견했다. 블룸하르트는 하나님의 나라를 지상적인 영역의 개념이 완전히 배제된 천상의 장소로

---

* 역주: 물질적으로 많이 소유하는 것이 성공이라는 의미. 1980년대 미국경제 부흥 속에서 소비와 부의 축적을 부추기기 위해 유행하던 슬로건으로 한 장난감 회사의 광고 카피에서 시작한 말

생각하지 않았다. 또 복음주의건 자유주의건 가톨릭이건 교회들이 그어 놓은 울타리 안에 하나님나라를 한정하지 않았으며, 그리스도의 재림 때까지 세상의 실제적인 변화를 미뤄놓지도 않았다.

이 책을 읽어가다 보면 당신은 블룸하르트가 하나님나라의 개념을 훨씬 포괄적으로 이해하고 있다는 것을 알게 될 것이다. "내가 주 예수님을 기다린다고 할 때, 내 기다림은 온 세상, 바로 내가 속해있는 세상을 위한 것입니다." 또한, 그가 하나님나라의 능력을 개인구원으로 축소하고 사유화하는 것에 대해 한탄하는 것을 발견할 것이다. "지금까지 우리는 하나님나라를 바라보기보다는 자신이 구원받는 것에만 온통 관심을 가져왔습니다. 만약 우리가 하나님나라보다 우리 구원을 우선시한다면, 이 땅에는 아무런 빛도 없을 것입니다. 절대 그래선 안 됩니다. 우리는 자신의 구원만을 생각해선 안 됩니다. 자신의 유익을 먼저 생각하지 말고 종이 되어야 합니다. 우리는 하나님의 구원과 하나님의 영광과 하나님나라를 먼저 구해야 합니다." 또한 하나님의 사람들의 증거를 통해 비록 간헐적이고 부분적이긴 하지만 세상이 변할 것이라는 생동감 있는 기대감을 발견하게 될 것이다.

"오늘날 우리는 '오, 구원해주세요! 구원해주세요!'라고 부르짖습니다. 하지만 하나님은 이렇게 응답하십니다. '이곳 천국에서는 더 이상 너와 같은 사람이 필요 없다. 여기에는 구원받은 사람들로 넘친다. 나는 일꾼이 필요하다. 지상에서 나를 위해 일을 할

나의 백성이 필요하다. 먼저 그곳에서 나를 섬겨라.' 만약 우리 그리스도인들이 먼저 인간과 세상의 상황이 의롭고 올바른가를 생각하지 않고, 성경의 말씀들을 자기 자신에게만 적용하려고 한다면 우리 삶에 새로운 변화가 없는 것은 우리 책임인 것입니다."

다행스럽게도, 블룸하르트의 직·간접적인 영향으로 인해 오늘날 많은 성경학자들과 신학자들이 성경을 새로운 시각으로 읽고 있다. 그들은 하나님나라가 복음의 핵심인 것과, 그것이 사회, 정치 그리고 문화 전반에 걸쳐 사적이고 개인적인 생활을 포함해서 깊은 영향을 끼치고 있음을 인정한다. 이런 성경해석은 사실 많은 점에서 유대적인 사고방식과 유사하다. 실제로 예수님과 그의 제자들은 유대인이지 않은가? 초기 교회시대에 예수님을 믿지 않는 유대인들은 세상이 변하지 않았다면 아직 참된 메시야가 오지 않은 것이라고 주장했는데, 이것은 상당히 설득력이 있는 주장이다. 사실, 이사야, 예레미야, 그 외 다른 예언자들도 하나님나라가 도래하면 전쟁이 그치고 질병과 기아가 사라지며 인류와 창조물간의 반목이 없어질 것이라고 예언하지 않았는가?

초대교회 시대와 마찬가지로 지금도 여전히 전쟁과 기아와 질병과 맹수들이 존재하는 것은 분명한 사실이다. 하지만 사도들과 초대교회 교부들은 오늘날의 그리스도인들과는 달리 하나님나라를 완전히 영적인 개념으로만 변질시키지 않았다. 한편으로 그들은 아직 하나님나라가 최종적으로 도래하지 않았으며, 그리스도의 재림에야 비로소 완성될 것이라는 사실을 인정한다. 그리고 다른 한편으로 게하르트 로핑크라는 현대 신학자가 잘 지적했듯이 "사도들과 교부들은 메시야가 이미 왔으며 세상이 실제로 변했다고 선포했다. 세상은 메시아의 백성, 즉 그리스도의 법에 따라 사는 사람들 가운데 변화되었다." 이것을 크리스토프 블룸하르트는 이렇게 표현한다.

> 예수님이 말씀하실 때 염두에 두신 것은 사회적 문제, 인류 전체를 위한 문제입니다. 예수님이 하신 일은 이 땅에 하나님의 대의를 세우는 일이었습니다. 그것은 온 민족을 포함하게 될 새로운 사회를 건설하기 위한 기초를 놓는 일이었습니다. 그 새로운 사회는 참된 가정조차 꾸릴 수 없으며, 부모와 자녀가 갈라지고, 우정도 파괴되어 모든 사람이 고통과 상처 속에서 사는 인간 사회와는 완전히 상반되는 사회입니다. 이런 비참한 사회 질서를 참으실 수 없는 예수님은 새로운 사회를 세우기 원하십니다. 예수님이 우리에게 하려는 말씀은 이것입니다. "너는 하나님의 것이지 사람이 만든 사회에 속해 있지 않다."

이 얼마나 영광스럽고 가슴 벅차며 일생을 걸고 투신할 만한 가치가 있는 비전인가! 우리는 "귀하신 우리 자신"의 구원에만 관심을 갖느라 복음을 사소한 것으로 만들었으며 하나님나라를 보잘 것 없는 것으로 변질시켜 버렸다. 크리스토프 블룸하르트는 단순하면서도 성령의 감동에서 나오는 강렬한 언어로 개인적인 평안은 나쁜 것은 아니지만 단지 포장지에 불과하며 놀라운 선물 자체는 아니라는 것을 깨닫게 해준다. 블룸하르트가 가진 하나님 나라에 대한 포괄적이고 생동감 넘치는 신뢰를 나와 우리 그리고 교회가 공유할 수 있다면 얼마나 좋을까! 생각만 해도 가슴이 벅차고 떨리는 일이다. 왜냐하면 그것이 우리 자신을 완전히 바꿔버릴 것이며, 말씀이그리하여 하나님나라가 육신이 되었던 때처럼 다시 한 번 "세상을 완전히 뒤집어엎을"사도행전 17장 6절 것이기 때문이다.

하나님께서 우리에게 기도하며 기다릴 용기를 주시길, 또한 기다리며 적극적으로 살아갈 용기를 주시길 소망한다.

로드니 클랩

서론
Introduction

크리스토프 프리드리히 블룸하르트1842-1919는 독특한 인물이었다. 그와 비슷한 인물을 역사적으로 찾아보기 힘들다. 그는 신학적으로나 정치적으로나 또 어떤 관점으로도 한마디로 특징짓기 어려운 인물이다. 그는 기독교계나 세속사회 어디에서도 환영받지 못했다. 블룸하르트는 그리스도인들이나 비그리스도인들을 모두 당혹스럽게 만들었으며, 많은 사람들을 자극하고 당황스럽게 만들었다. 그는 역사를 움직이시는 하나님에 대해 남다른 신뢰를 가졌으며, 이는 지금까지도 무수한 사람들의 마음속에 소망을 불러일으키고 있다.

블룸하르트는 이론가도 '신학자'도 아니었다. 어떤 학파를 세우거나 추종자들을 규합하지도 않았지만, 블룸하르트는 그를 따르는 사람들에게 커다란 영향을 끼쳤다. 블룸하르트는 스위스와 독일의 '종교사회주의'와 '변증법신학CRISIS'**에 막대한 영향을 주었다. 이 두 운동은 블룸하르트를 자신들의 선구자로 지목하지만 실제로 그는 어디에도 직접적으로 참여하지 않았다. 블룸하르트의 사상은 레온하르트 라가츠, 칼 바르트, 에밀 브루너, 디트리히 본회퍼 그리고 최근 인물로는 하비 콕스, 자끄 엘륄, 위르겐 몰트만 같은 신학적 거장들에게 지대한 영향을 끼쳤다.

최근에 급속도로 성장하는 빈야드 교회 운동은 블룸하르트 부자父子를 현대의 기적과 표적의 선구자로서 추앙하고 있다. 블룸하르트가 경험한 회개운동과 하나님나라의 능력이 그 후 오순절 운동과 은사주의 운동에서 흔히 경험되고 있는 것이다.

이와 같은 엄청난 유산에도 불구하고 블룸하르트는 지금까지도 잘 알려지지 않았는데, 미국에서 유독 그러하다. 사실, 그동안 그를 알리기 위한 노력이 없었던 것은 아니지만 별 성과를 거두지 못했다. 그와 동시대 인물이었던 찰스 피니나 윌리엄 부스와 비교해볼 때 블룸하르트는 극소수에게만 알려져 있다.

1969년 *The Christian Century*에 기고한 글에서 버날드 엘러는 블룸하르트가 세상에 알려지지 않은 이유를 그의 메시지가 사람들에게 인용될 만큼 문학적이지도 않고 학문적이지도 않다는 데서 찾고 있다. 엘러는 『나라가 임하옵소서: 블룸하르트 독본*Thy*

** 편집자 주: 칼 바르트(Karl Barth)의 신학을 말한다. "Crisis"는 그리스어 κρισις(위기) 라는 단어에서 온 영어로 독일의 프로테스탄트 신학자 칼 바르트의 신학에서 아주 중요한 개념이다. 칼 바르트는 그리스어 Krisis(위기)의 뜻을 가진 세 가지 사상(분리, 심판, 재앙)을 통해 신학 체계를 이루었다.

Kingdom Come: A Blumhardt Reader」Eerdmans, 1980를 출간하면서 이런 상황을 바꿔보려고 시도했다. 하지만 안타깝게도 이 책 또한 많은 주목을 끌지는 못했다.

블룸하르트가 잘 알려지지 않은 데에는 더 근본적인 이유가 있다. 우선은 그의 삶 자체가 도발적이었다. 또한 자신의 생각을 표현하는 데 파격적이고 자극적이었다. 그의 메시지는 현실 교회와 세상 풍조에 비판적이었기 때문에 충격과 분노를 불러 일으켰다. 그는 우리가 일반적으로 이해하고 있는 기독교와는 완전히 다른 무언가를 제시했다. 그런 이유로 요한네스 하르더는 그의 글에서 이렇게 쓴 적이 있다. "누군가 블룸하르트를 신학사史 속에 집어넣고자 한다면, 아마도 고트프리드 아놀드의 '이단의 역사' 부록에 두어야 할 것이다."

블룸하르트는 인류 진보를 위협하는 가장 큰 위험이 바로 "기독교"라고 확신했다. 그가 의미하는 "기독교"란 영적인 것과 물질적인 것을 분리해서 생각하고, 하나님의 의를 위한 실제적인 일 대신에 이기적이고 자기만족적이며 피안적인 종교성만을 부추기는 의식과 종교행위로 가득한 '일요일 종교'를 말한다.

블룸하르트는 교회나 종교적인 문제들, 예배 행위나 교의에 관심을 두지 않았다. 심지어 개인 구원이나 내적 평안 같은 것에도 비중을 두지 않았다. 그에게 믿음이란 하나님의 나라가 도래하는 문제이며, 지금 이 땅위에서 하나님이 어둠과 죽음을 이기시고 승리하는 문제이다. 블룸하르트가 바라보는 이 땅위에서 완성될 하나님의 의는 어떤 것에도 제한받지 않으며 모든 것을 포함한다. 하나님의 사랑은 온 세상에 화해를 선포하며, 모든 고통을 없애고, 사회 경제적인 문제를 모두 해결하신다. 한마디로 하나님의 사랑은 이 지구를 완전히 새롭게 만드시는 것이다.

많은 사람들이 그런 그의 메시지를 세속적이고 불경스럽다고 생각했다. 사실 그 당시 제도권 교회는 그를 의심스러운 눈으로 바라보며 중상과 비방을 일삼았다. 그의 메시지가 그들의 예민한 곳을 건드렸기 때문이다.

하지만 블룸하르트는 누구를 공격할 의도가 전혀 없었다. 그의 사고 전체를 지배했던 것은 이 지상에서 그리스도의 평화와 정의가 다스리는 하나님의 나라였다. 이 하나님나라는 형식적인 제도도 아니며 이상적이고 관념적인 것도 아니다. 그것은 장래의 일이지만 또한 현재로 침투해오고 있다. 하나님나라만이 인류의 진정한 역사이며, 최후에는 그 누구도 부정할 수 없는 모습으로 확실한 승리를 거둘 것이다. 하나님의 나라는 이전에 생각되고, 계획되고, 만들어진 모든 것에 도전한다. 하나님나라는 인간이 이룩한 모든 사상과 성과에 도전하며, 또한 인간이 만든 모든 기관, 기념비적인 업적, 이데올로기에 이의를 제기한다. 하나님나라는 삶의 모든 영역에서 그것들과는 다른 새로운 것을 추구한다.

이처럼 폭넓은 하나님의 구속 사역은 전통적인 기독교의 울타리를 강하게 밀어 제친다. 그리고 바로 이것이 블룸하르트의 사고가 극소수의 인물을 제외하고 널리 관심을 받지 못한 진짜 이유일 것이다.

다시 본 주제인 하나님나라로 돌아가 보자. 그전에 먼저 우리는 블룸하르트에게 이 하나님의 통치가 얼마나 구체적이고 생생한 현실이었는지 이해하고 넘어가야 한다. 블룸하르트는 몽상가가 아니었다. 그의 사상은 신학이 아니라 체험에서 나온 것이다. 그에게 하나님나라란 추상적인 개념이 아니라 어떤 살아 움직이는 것이었다. 그는 온 몸으로 하나님나라를 생생하게 직접 체험했던 것이다.

이를 더 알아보기 위해서는 블룸하르트의 아버지, 요한 크리스토프1805~1880로 거슬러 올라가야 한다. 블룸하르트의 아버지는 독일 남서부의 작은 마을인 뫼트링겐의 교구 목사였다. 그의 목회는 고틀리빈 디투스라는 처녀를 만나기 전까지는 여느 시골 목회자와 별반 다르지 않았다. 고틀리빈은 신약성서에 기록된 귀신들림과 유사한 질병으로 고통 받고 있었다. 처음 몇 달간 아버지 블룸하르트는 괴로운 심정으로 고틀리빈의 질병이 점점 악화되는 모습을 지켜봐야 했다. 그리고 그녀 안에서 어떤 어두운 세력이 활동하고 있다는 것을 확신하고는 결국 이 세력과 싸움을 시작한다. 첫 아들인 크리스토프가 태어난 1842년 블룸하르트는 이렇게 외친다. "우리는 악마가 할 수 있는 것을 충분히 보았습니다. 이제 주 예수님의 능력을 볼 차례입니다." 이렇게 사단의 요새를 무너뜨리기 위한 싸움이 시작되었고 그 싸움은 2년 동안 지속되었다. 그리고 마침내 어둠의 세력은 정복되었으며 악한 영도 쫓겨났다. 고틀리빈은 육체적인 질병과 영적인 고통에서 완전히 치유 받게 된다. 그 싸움은 그녀의 입에서 튀어나온 "예수님은 승리자시다! 예수님은 승리자시다!"란 외침과 함께 승리로 막을 내렸다.

이 승리의 결과로 아버지 블룸하르트의 교구에 회개의 물결이 일어났고 이웃 마을과 도시까지 번져나갔다. 전국 각처에서 사람들이 아버지 블룸하르트에게 몰려왔다. 고트리빈 사건을 통해 물꼬가 터진 하나님나라의 능력은 뫼트링겐 마을 전체를 변화시켰다. 병이 치유되고 죄인들이 죄를 고백하고 회심했으며, 가정이 회복되고 사람들이 서로 화해했다. 신비한 모습으로 드러난 하나님나라가 온 마을을 사로잡았다. 이때부터 아버지 블룸하르트의 구호는 "예수님은 승리자시다!"가 되었다. 그리고 아들 크리스토프 블룸하르트는 이런 놀라운 환경 가운데서 어린 시절을 보냈다.

많은 이유에서 아버지 블룸하르트에 대한 반대가 점점 거세어졌는데, 특히 목사들과 국가교회 기관들로부터 심했다. 주변 지역 목회자들은 자기 교구민들이 아버지 블룸하르트에게 찾아가는 것을 싫어했다. 뫼트링겐 교회 목사관은 몰려드는 사람들을 더 이상 감당할 수 없을 지경이 되었다. 그래서 아버지 블룸하르트는 간섭받지 않고 사역할 수 있는 좀 더 넓은 장소를 물색했다. 크리스토프가 열 살 되던 해, 블룸하르트 가족은 바트볼Bad Boll로 옮기게 된다. 그곳은 유황온천 휴양소로 운영되던 곳으로 큰 건물이 여럿 있었다. 이제 바트볼은 일종의 치유센터로 사람들이 와서 휴식과 묵상과 연구를 하거나 목회상담을 받는 곳이 되었다. 그리고 아버지 블룸하르트는 하나님의 인도하심에 따라 국교회의 간섭 없이 자유롭게 지낼 수 있게 되었다.

아버지 블룸하르트는 이곳 바트볼에서 여생을 보낸다. 아들 블룸하르트도 생애 대부분을 바트볼에서 활동한다. 수많은 사람들이 아버지 블룸하르트를 찾아와 그리스도의 승리와 치유를 경험하며 위로와 힘을 얻는다. 이런 경험이 아들 크리스토프 블룸하르트의 삶의 토대가 되었던 것이다. 아버지가 경험한 놀라운 사건들이 아들 크리스토프의 영혼에 깊이 각인되었고 그로인해 아버지와 동일한 길을 가게 된 것은 어쩌면 너무도 당연한 일이었다.

이곳 바트볼에서 크리스토프 블룸하르트는 여러 나라로부터 도움을 얻고자 밀려드는 다양한 계층의 사람들 속에서 어린 시절을 보냈으며, 하나님나라를 위한 아버지의 열정적인 사역 한 가운데서 성장기를 보냈다. 결국 그 자신도 목회의 소명을 받았다고 느껴 신학공부를 했으며, 몇 년 후 아버지의 사역을 돕기 시작한다. 하지만 그는 주로 주방 보조나 하면서 집안일이나 도울 생각이었다. 무슨 이유에선지 그에게는 아직 아버지가 가진 확신이 없었다. 그는 아버지가 감당하고 있는 싸움에 아직 직접적으로 가담하지 않은 상태였다. 하지만 1872년 고트리빈 디투스의 죽음이 그와 바트볼 식구 모두에게 전환점이 되었다. 모든 사람들이 깊은 회개를 새롭게 경험하는 가운데 크리스토프는 하나님의 부르심에 대한 확신을 재확인하게 되었다. 1880년 아버지 블룸하르트는 임종을 맞으며 아들 크리스토프에게 사역을 위임하는 마지막 말을 남긴다. "네가 승리하기를 축복한다."

블룸하르트는 겸손하게 아버지의 사역을 이어간다. 아버지가 남긴 영적 영향력 아래서 블룸하르트도 역시 성령의 강력한 역사를 경험한다. 하지만 블룸하르트는 이런 기적 사건들에 오래 머물러 있을 수 없었다. 그는 복음이 생명력 가득한 것이라고 믿었고 그 믿음은 그를 아버지와는 다른 길로 내몰았다. 그리고 머지않아 블룸하르트는 교회에서 완전히 떠나게 된다. 교회 당국이 결정한 것이었지만 블룸하르트 자신도 바라던 바였다. 결국 많은 고민과 갈등 속에서 블룸하르트는 교회와 맺은 외적인 관계를 완전히 절연하고 목사직도 내려놓고 만다. 신학이나 교파, 그리고 온갖 교리들도 그에게는 별 차이가 없었다. 전부 인간적인 상징과 합의 그리고 교만, 즉 육적인 것에 기초한 것일 뿐이었다.

또한 블룸하르트는 사람들이 병 치유에 대해 끝없이 집착하는 모습을 보고 좌절하지 않을 수 없었다. 예수님 시대에도 그랬듯이 바트볼에서도 "기적"은 많은 사람들의 주된 관심거리였다. 하지만 블룸하르트는 의식적으로 이런 분위기에 맞서 싸웠다. 그는 바트볼을 기도치유센터로 만들고 싶지 않았다. 그는 바트볼로 도움을 요청한 누군가에게 이렇게 편지를 썼다. "여기에는 하나님의 은혜와 자비를 이용하기 위해 모든 것을 왜곡시키고, 결국 구원자를 우리의 종servant으로 만들어버리는 사기가 숨겨져 있습니다." 블룸하르트에게 질병의 정복은 하나님나라보다 중요한 것이 아니었다. 그는 말한다. "병 낫는 것보다 영혼이 깨끗해지는 것이 더 중요하다."

독일과 스위스에서 벌인 그의 선교활동은 선풍적인 인기를 끌었지만, 블룸하르트는 곧 자신의 사역에 대해 심각한 회의를 느끼게 된다. 1888년 3월 베를린 선교여행에서 돌아온 뒤에 블룸하르트는 공식적인 설교활동을 중지하고 치유 사역도 그만두게 된다. 그는 바트볼로 몰려드는 사람들이 자신을 오해하고 있다고 느꼈다. "사람들이 나를 유명한 설교자라고 부르는 것이 내게는 두렵고 괴롭운 일입니다. 나는 단순한 연설가로서 여러분 앞에 서고 싶지 않습니다. 나는 연설가가 아닐뿐더러 되고 싶지도 않습니다. 나는 체험의 사람이 되고 싶습니다. 나는 이런 것들이 단순히 말로 끝나길 원하지 않습니다. 나는 여러분 앞에 증인으로 서고 싶습니다."

그는 하나님나라의 가장 확실한 표적은 치유나 사람들의 숫자가 아니라 하나님의 대의를 소망하는 마음이라고 믿었다. 블룸하르트는 하나님의 사랑이 개개인의 짐을 짊어질 뿐만 아니라 빈곤의 족쇄에 갇힌 사람들의 짐도 감당한다고 믿었다. 그 당시 블룸하르트의 마음은 온통 세상의 비참함과 죄 문제에 사로잡혀 있었다. 그의 가슴에 하나님의 정의가 타오르자, 블룸하르트는 독일과 세계 도처에서 벌어지는 고통과 가난, 불평등에 대해 더 깊이 이해하게 됐다. 이미 그는 불의와 자본주의와 전쟁에 반대해 새롭게 일어나는 저항운동 안에서 하나님의 음성을 감지했다. 그 당시 일고 있는 대규모 사회 운동 속에서 블룸하르트는 희망에 대한 간절함을 보았던 것이다. "우리 시대 각처에서 일어나는 수많은 투쟁은 결코 우연이 아니다. 이것은 사도들의 투쟁과 연관되어 있으며, 주 예수 그리스도를 드러내는 징표들이다."

예언서에 보면 하나님은 아시리아인, 바벨로니아인, 페르시아인 같은 이방 민족들과 심지어 느부갓네살, 고레스 같은 이방 왕들도 그분의 도구로 사용하셨다. 블룸하르트는 사회주의 운동이 인류를 돕고자 하는 것이라면 이 또한 하나님의 도구가 될 수 있다고 여겼다. 사회주의에도 약점과 문제점이 있긴 하지만 그리스도가 그 속에 감추어져 있다고 믿었다.

여전히 아버지의 발자취를 충실히 따라가면서도 블룸하르트는 점점 더 사회 현실에 깊이 발을 들여놓게 된다. 마침내 그는 바트볼의 종교적인 모임을 떠나 노동운동을 지원하기 위해 거리로 나선다. 바트볼이 "참된 생명의 처소"가 되기 위해서는 더 이상 "설교의 처소"로 머무를 순 없었다. 블룸하르트는 대중의 권익을 위해 교회 속에서 사실상 외롭게 서 있었다. 그가 사회민주당에 가입했을 때1900년부터 1906년까지 그는 뷔템베르그 지방의회 의원으로 선출되어 활동했다. 교회에서 추방당한 거나 마찬가지였다. 뷔템베르그 당국은 블룸하르트에게 목사직을 내려놓으라고 권고했고, 제도 교회는 그를 추방자로 낙인찍었다. 블룸하르트는 이런 상황을 오히려 자유로 받아들였다. "국가와 교회가 손을 잡을 때, 하나님의 불은 사그라진다."

하지만 이 무렵 블룸하르트의 시야는 사회주의적 희망에만 머물러 있지 않았다. 그는 자연 뿐만 아니라, 대중 속의 모든 움직임을 하나님나라의 빛으로 바라보았다. 블룸하르트는 과학과 경제 안에서 미래에 벌어질 엄청난 변화를 예고하는 수많은 징후들을 보았다. 그는 시대의 징후들을 읽으려고 노력했으며, 그리스도가 원하시는 것은 세상의 상황 속으로 파고 들어가 타락한 권세들에게 붙잡힌 자들을 해방하는 것이라고 확신했다.

블룸하르트의 영적 급진주의는 곧 사회참여를 의미했다. 하나님의 나라가 모든 피조물 안으로 침투하는 것이라면, 우리도 그 사실을 증명해야만 한다.

"하나님의 나라는 오늘날 거대한 차원으로 확장하고 있다. 우리는 세상으로부터 고립된 작은 방에서 나와야 한다. 하나님나라는 가장 가난한 사람들과 버림받은 사람들이 살고 있는 거리로 임한다. 바로 그곳으로 하나님나라는 임한다. 그 나라는 하늘과 지옥까지 뻗어나가며 모든 사람들에게 미친다."

하나님나라는 결코 종교가 아니다. 기독교도 아니다. 선지자들과 예수님은 완전히 새로운 세상, 하나님께서 모든 만물을 다스리시는 세상을 원했다. 블룸하르트의 관점에서 보면, 천국과 개인의 구원은 역사의 종착점이 될 수 없다. 하나님은 우리가 천국에 올라가는 것에 관심이 없으시다. 오히려 천국이 이 땅에 내려와야 하는 것이다. "많은 사람이 천국에 가고 싶어 한다. 그들은 하늘을 향해 손을 뻗는다. 나는 그들에게 말하고 싶다. '이 땅에서 우리가 이미 지각하고 있는 범위 너머의 일을 생각하지 마라. 저 위 보이지 않는 세계가 아니라 여기 이곳에 예수님은 나타나셨다. 그분은 이 지상에 또다시 나타나길 원하신다. 여기 이 땅 위에서 우리는 그분을 발견할 수 있다."

하나님이 단지 천국에만 계시고 복음은 내적인 삶에만 적용된다는 생각은 재앙이라고 블룸하르트는 생각했다. 우리가 축복받는 것보다 하나님나라가 먼저다. 이 땅에서건 하늘에서건 우리의 이익보다 하나님의 영광이 우선이다. 레온하르트 라가츠는 블룸하르트의 사상을 이렇게 요약했다. "종교에서 하나님나라로, 교회에서 구속받은 세상으로, '나'로부터 하나님에게로" 이처럼 모든 것을 아우르는 시각은 결국 블룸하르트를 바트볼로 돌아오게 했다.

블룸하르트는 실제로 정치가였던 적이 없었다. 상황이 그를 형식적으로 사회민주당에 가담하게 했을 뿐이었다. 원래 그는 평당원이 되는 것조차 원하지 않았다. 정당은 그를 열렬이 환영했지만, 결국 블룸하르트는 사회민주당이 온전한 복음증거를 위한 토대가 되지 못한다는 것을 깨달았다. 그는 이렇게 말했다. "우리가 그것을 보는 것처럼 사회주의 운동은 지나가 버릴 세상에 속해 있다. 사회주의 운동은 언젠가 성령께서 인류에게 주실 진정한 유대감을 담고 있지 못하다." 의원 첫 임기를 마친 후 블룸하르트는 중병으로 인해 안정을 취하고자 바트볼로 돌아오게 된다. 그리고 1917년 뇌졸중으로 쓰러진 후 2년 뒤인 1919년 8월 2일 평화롭게 숨을 거두었다.

블룸하르트는 교리주의적이고 제도화된 교회와 위선적인 기독교에 대항한 싸움에서 한 치의 양보도 없었다. 그것은 그의 마음이 하나님나라의 도래에 대한 소망으로 불타올랐기 때문이었다. 이런 하나님나라의 복음은 모든 종교성에 반대한다. 그 복음은 철저한 변화, 삶의 혁명을 요구한다. 예수님은 교리 선생이 아니었다. 예수님은 하나님의 새로운 세계를 가르치셨으며 그것을 직접 삶으로 보이셨다. 예수님은 새로운 시대, 즉 하나님의 정의와 회복이 실현된 새로운 사회의 창시자였다. 또한 그의 재림은 자신이 시작한 것을 완성하려는 것이다. 그의 죽음은 옛 세상 권세들과의 싸움에 종지부를 찍은 것이며, 그의 부활은 새로운 세상, 창조의 새 아침의 여명을 밝혀주었다. 그리고 그의 재림은 새로운 세상의 완성이 될 것이다.

오해와 많은 반대에도 불구하고 블룸하르트의 소망은 조금도 흔들리지 않았다. 그에게 복음은 그리스도의 미래의 날에 대한 기쁜 소식이었다. "구원자가 오고 있다!" 그에게 중요한 것은 결국 도래하는 하나님의 나라였다. 그리고 그 하나님의 나라는 어떤 진보에 대한 인간 철학과도 혼돈될 수 없는 실체이다. 하나님의 나라는 인간이 만들어낸 복지국가도 아니다. 그 나라는 분명

세상을 위해 존재하지만, 세상으로부터 오지 않는다. 어떤 정치적인 노력이나 기독교적인 경건함으로 그 나라를 이룰 순 없다. "우리의 믿음이나 우리의 기도, 우리의 신앙심을 통해서가 아니다. 다가올 하나님의 도성은 바로 하나님의 행위를 통해 계시될 것이다."

그렇다고 '그리스도의 다시오심'을 기다리는 사람이 무릎 위에 손을 떨구고 아무것도 할 필요가 없다는 것이 아니다. 결코 그런 의미가 아니다! 그 미래의 능력이 이미 이 땅에서 역사하고 있다. 그러므로 하나님의 사람은 이 능력에 응답하며 그 능력이 확장되도록 그 안에서 살아야만 한다. 이런 의미에서 블룸하르트는 우리가 할 수 있는 가장 큰 섬김은 하나님의 행하심을 기다리는 것이라고 말한다. 우리는 그리스도가 오실 것을 기다려야 하며 동시에 어서 오시도록 서둘러야 한다. 각자의 자리에서 모든 필요한 행동을 하면서, 그런 우리의 부단한 노력 가운데혹시 우리의 노력에도 불구하고 장애물이 오더라도 / 편집자 하나님의 나라가 모든 장애물을 극복할 것을 우리는 믿어야 한다.

이러한 기대를 가지고, 블룸하르트는 그리스도의 사람들이 미래의 권능 안에서 함께 살아가며 하나님나라를 기다리기 위해 점차 연합해야 한다고 믿었다. "하나님은 우리 가운데 거하시기 위해 언제나 그분께 속한 장소, 공동체를 찾으신다. 세상을 위한 그분의 사역이 시작될 수 있는 전초 기지를 원하시는 것이다. 하나님나라의 빛을 세상에 비출 수 있는 '시온'과 같은 장소가 이 땅위에 분명히 있을 것이다." 그리스도 안에서, 밤이 새벽에게 길을 내 주듯이 그리스도 안에서 옛 세계는 새 세계에 자리를 내 줄 것이다.

이 "기다리기waiting"에는 이중적인 태도가 포함된다. 버나드 엘러는 말한다. "우리는 하나님나라의 도래를 위해 전적으로 자신을 드려야 한다. 하나님나라의 도래를 바라보며 모든 힘을 다해 이 세상을 위해 일하라. 하지만 그와 동시에 비록 우리의 노력이 성과 없이 끝나더라도 차분하게 동요하지 말고 인내해야 한다." 이런 기다림waiting 은 결코 아무것도 하지 않고 있는 것이 아니라, 기다림 그 자체가 하나님나라를 앞당기는hastening 굉장히 강력하고 창조적인 행위action이다.

블룸하르트의 메시지를 듣고 있으면 '진리는 시공을 초월한다'는 느낌을 받는다. 그것은 아마도 블룸하르트에게 예수님은 바로 지금 부활하고 계시며, 지금 승리하고 계시며, 하나님나라는 바로 지금 임하고 있기 때문이다! 하나님나라의 비전은 오랜 기간에 걸쳐서 펼쳐져 있다. 하나님나라의 비전은 그들 당시의 왜곡된 상황에도 불구하고 그 실재the Reality를 보는 축복을 받아왔던 예상 밖의 증인들을 함께 묶어준다. 에버하르트 아놀드, 디트리히 본회퍼, 마틴 루터 킹 주니어, 마더 테레사, 그리고 오스카 로메로와 같은 증인들은 그들의 시대에 하나님의 일하심을 목격하는 은혜를 경험했던 몇 안 되는 선지자visionary들이다. 다행스럽게도 이 시대의 혼란과 혼돈chaos 속에서 우리는 변치않는 기독교의 비전을 볼 수 있는 것이다. 하나님의 나라는 가까이에 있다. 우리는 하나님의 나라에 대해 흔들리지 않는 기대를 가지고 싸우고 기다려야만 한다.

 이 작은 책 하나로 블룸하르트 사상의 깊이와 숨결을 다 담을 수 있다고 생각하지 않는다. 그러나 우리는 블룸하르트의 영성과 갈망longing만은 담을 수 있기를 바란다. 블룸하르트는 지금 여기 이 땅위로 임하는 하나님나라의 실체에 사로잡힌 사람이었다. 동시에 그는 하나님나라가 우리의 노력을 넘어서는 것이며 언제나 우리 능력 너머에 있다고 이해했다. 하나님의 나라는 살아있는 신앙에 간절한 기대감을 불어넣는다. 그 신앙은 행동하며 기다리고waiting, 하나님과 동역하며, 동시에 하나님 안에서 소망한다. 블룸하르트의 비전이 이 글을 읽는 여러분 안에 그같은 '행동하는 소망'을 불러일으키길 기도한다. 우리에겐 그런 소망이 더욱 절실하다.

찰스 무어

1
하나님나라를 추구하기
Seeking the Kingdom

예수 그리스도의 생애는 그 때나 지금이나 하나님나라의 역사입니다. 역사상 하나님나라에 온통 마음을 빼앗기고 사로잡힌 사람들이 소수 있었지만 오늘날 대부분의 사람은 그 나라에 관심을 두지 않습니다. 사람들은 이런 저런 문제들에 동요하며 여러 가지 세상 일로 눈코 뜰 새 없이 바쁩니다. 유사 이래 오늘날처럼 인류가 과학기술의 발전으로 큰 진보를 이룬 적이 없습니다. 마치 온 세상이 우리 손에 능력을 쥐어 주며 이렇게 속삭이는 듯합니다.

나의 세상의 것를 사용해라!

최고가 되라!

부자가 되라!

무엇인가를 만들어 내고 너 자신이 주도해라!

그리고 이 모든 것을 네 자신의 것으로 만들어라!

    과거에는 꿈도 꿀 수 없었던 능력이 인간에게 활짝 열려 있습니다. 이제 인간은 자신의 목적을 위해 새로운 기술과 힘들을 사용할 수 있게 되었고, 세상은 그것들 없이 유지 될 수 없을 것 같아 보입니다. 이런 것들을 무시한 채 살아간다면, 우리는 금세 세상에서 도태되고 일상생활 자체가 불가능할 것입니다. 지식과 학문의 발달은 하나님나라에 대한 관심을 질식시켜버리고 말았습니다.

    그간 하나님나라에 관해 엄청난 오해가 있었습니다. 사람들은 교회나 교리에 대해서 이야기를 많이 합니다. 기독교 안에서 거룩한 것이 되어버린 교파에 대해서도 많이들 이야기합니다. 우리는 그동안 그리스도인들을 다른 사람들과 구별해 주는 여러 가지 종교 형식들을 지나치게 강조 했습니다. 그 결과 하나님이 예수 그리스도를 통해 우리에게 주시고자 하셨던 생명의 모습들은 오늘날 어디에서도 찾아볼 수 없게 되었습니다. 많은 사람이 하나님이 주시는 생명을 알지도, 경험해보지도 못합니다. 그들은 한편으로 하나님의 말씀과 계시가 필요하다는 사실을 부정하지 못하면서도, 다른 한편으로 하나님의 말씀이 선포되는 방식들을 더이상 신뢰하지 못합니다. 그 결과 많은 이들은 하나님나라에 대해 어떻게 무엇을 해야 할지 더 이상 알지 못합니다. 그들은 굶주리고 목 말라합니다. 그들은 하나님의 영원성과 진리가 마음속에 계시되지 않으면 안 된다는 것을 알고는 있지만 도대체 어떻게 해야 할지 몰라 절망하고 있습니다.

사람들은 하나님의 영원성과 진리에 대해 알기 원하지만 무엇을 해야 할지 알지 못하기 때문에, 우리는 새로운 방식으로 하나님나라에 대해 이야기 주어야 합니다. 많은 교회와 교회 공동체가 거의 죽어있는 상황에도 불구하고, 우리는 여전히 동시대의 사람들에게 하나님의 나라에 대해 얘기해줄 수 있습니다. 하나님은 모든 피조물들을 그분의 정의와 질서, 권위로 다스리십니다. 이러한 하나님의 통치가 곧 하나님나라이며 그 나라는 어제도 오늘도 내일도 언제나 동일합니다.

하나님나라를 구하는 우리는 이러한 하나님의 통치를 보며 감동하고 흥분합니다. 하나님의 통치는 좀 더 구체적인 모습으로 이 땅에 드러나야 합니다. 우리가 그분의 통치를 따라 살지 않는다면 우리는 언제나 불만스럽게 살아갈 것입니다. 만약 하나님의 진리와 공의의 통치가 우리의 삶을 빛으로 비추지 않는다면 우리가 어떤 현대 문명의 혜택이나 풍요를 누린다고 해도 영원한 실체는 우리 안에서 이루어지지 않을 것입니다.

그러나 바로 이런 점이 지적되는 순간 엄청난 싸움이 일어납니다. 수많은 사람들이 태어나서 관 속에 누울 때까지 아무런 문제 없이 편안하게 '그리스도인'으로 살아갑니다. 그들은 하나님에 관한 가르침에 만족하며 아무런 거부감도 느끼지 않습니다. 종교는 우리 삶의 한 부분일 뿐이며, 그것으로 충분합니다. 아무런 갈등도 야기하지 않습니다. 기껏해야 이런저런 교리에 대해 하찮은 논쟁을 벌이는 정도입니다. 하지만 하나님나라를 어떤 살아있는 것으로 선포하는 순간 전에 없던 갈등이 일어납니다. 그리고 그것이 지금 내가 하려고 하는 일입니다. 단순히 여러분을 교화하려는 게 아닙니다. 나는 하나님이 내 마음에 넣어주신 것을 이렇게 여러분에게 외치고 싶습니다. 하나님나라는 살아 움직이는 실재이며, 지금 여기 이곳에 영향을 끼치고 있습니다. 하나님나라는 우리가 생각하는 것보다 훨씬 가까이 있습니다. 오늘날 하나님은 많은 이들이 생각하는 것보다 훨씬 강력하게 이 세계에 간섭하고 계십니다. 하나님은 지금 뭔가를 행하시는 분으로서 자신을 드러내고 싶어 하십니다. 그분만이 우리가 기쁨을 가지고 관심을 가져야하는 유일한 분이십니다.

하나님나라를 외치면서 우리는 예수 그리스도는 결코 죽지 않으셨다고 선포합니다. 그 분은 그저 이천년 전에 잠깐 나타나셨다가 가르침과 추억만 남기고 사라진 과거의 인물이 결코 아닙니다. 예수님은 이천년 전에 살아계셨던 것처럼 지금도 살아계십니다. 예수님은 하나님의 영광을 위해 우리 삶 가운데서 승리하시길 원하십니다. 또 우리 속에서 하나님을 향한 경외심이 커지고 깊어지도록 우리 가운데 함께 있기 원하십니다. 우리는 무력하고 가난한 자신을 절감하면서 하늘을 우러러 탄식해야만 합니다. "나의 아버지, 나의 아버지, 당신의 자녀가 되고 싶습니다!" 그럴 때 우리는 생명을 주는 능력에 힘입어, 예수님은 살아계셔서 우리를 도우실 것이며 예수님이 승리자라는 사실을 믿게 될 것입니다. 내가 어떤 사람이건 상관없이 그분의 이름이 내 안에서 거룩해지고 그분의 통치가 내게 임하며, 그분의 뜻이 하늘에서 이루어진 것처럼 내 안에서 이루어지는 것입니다!

사랑하는 여러분, 제가 여러분의 마음속에 살아계신 하나님의 능력을 넣어줄 수 있다면 얼마나 좋을까요? 이 능력이 우리를 완전히 새롭게 만들 수 있다는 사실을 여러분이 깨닫게 도울 수 있다면 얼마나 좋을까요? 그 능력은 우리의 여러 가지 고통, 심지어 우리 삶의 실제적인 문제까지도 해결할 수 있습니다. 아무리 어려운 상황에 처해있다 하더라도 하나님은 살아있는 능력으로 우리를 찾아오셔서 우리를 고귀하게 하실 수 있습니다.

하지만 인간 본성 속에는 우리가 생각하는 것보다 훨씬 완고한, 하나님의 진리에 저항하는 성향이 있습니다. 그리고 그리스도의 능력을 가로막는 방해물들은 인간 사회에서도 매우 강력하게 영향력을 행사하고 있습니다. 내가 가끔 하나님과 예수 또는 성령에 대해서 이야기할 때까지는 누구나 다 고개를 끄덕입니다. 거기에 거부감을 느끼는 사람은 아무도 없습니다. 하지만 내가 단호한 목소리로 이렇게 말할 때 반발이 일어납니다. "나는 예수님을 경험했습니다. 나는 생명을 주는 능력을 경험했고 하나님 나라를 경험했습니다. 그 나라는 지금 우리 모두를 사로잡길 원합니다. 바로 이 순간에도 생명을 주는 하나님의 능력과 진리가 역사하고 있습니다. 바로 지금 하나님나라의 진리가 이 땅위에서 우리 눈으로 볼 수 있게 임합니다. 우리가 죽어 땅에 묻힐 때까지 기다릴 필요가 없습니다. 지금 여기에서 예수님이 누구시며 생명을 주는 성령이 누구신지 우리 귀로 들을 수 있고 우리 눈으로 경험할 수 있는 것입니다. 그것은 사도시대나 지금 우리 시대나 동일합니다. 그것은 이 교회나 저 교회냐의 문제도 아니며 이 교리냐 저 교리냐의 문제도 아닙니다. 하나님나라를 경험하는 것은 오로지 예수님 그 분을 통해서만 가능한 것입니다.요한복음 14장 6절 우리는 예수님을 만나야 합니다!"

이것이 나의 유일한 방향이자 목표입니다. 하지만 내가 이 말을 하자마자 사람들은 발끈하며 반발합니다. "아니, 이런 건방진 사람이 다 있나? 요즘 세상에 어떻게 감히 그렇게 말할 수 있단 말인가? 성경과 다양한 교파로 충분하지 않단 말인가? 이건 미신이고 말도 안 되는 과장이라고!" 이처럼 반발하는 이들이 있지만 누군가에게는 이 땅 너머에서 오는 빛이 비추어집니다. 예수님은 그저 공허한 이름이나 교리가 아니라 살아 역사하는 분이라는 확신만큼 힘을 주는 것도 없습니다. 예수께서 우리 가운데 계시다는 인식만큼 우리를 기쁘게 하는 것도 없습니다.마태복음 18장 20절 우리는 이 사실을 믿어야 합니다. 그러면 그의 생명이 우리 안에 역사해서 우리를 깨끗하게 하실 것입니다.

그렇다면 과연 믿는다는 것은 무엇을 의미합니까? 믿음에 대해 수많은 논쟁이 있어왔습니다. 아, 믿음에 대해 토론하는 이들에게 화가 있을지어다! 믿음은 어린아이라도 이해할 수 있을 정도로 매우 단순한 게 아닙니까? 만약 예수님이 진실로 살아 계시다고 믿는다면, 그분이 왕 중에 왕이라고 믿는다면, 당신은 하나님에 대해 안다고 하는 모든 것들을 내려놓고 자신을 부인해야 합니다. 당신은 죽어야만 합니다. "나는 아무것도 할 수 없습니다. 오직 예수만이 우리에게 거룩한 것들을 보여줄 권리를 가지고 계십니다." 이런 방식으로만 우리는 우리 왕께 영광을 돌릴 수 있는 것입니다.

만약 당신에게 하나님나라가 조금이라도 의미가 있다면 당신이 중요한 사람이 되어야 한다는 생각을 버려야 합니다. 예수의 발 앞에 엎드려 고백해야 합니다. "나는 아무것도 아닙니다. 당신은 살아계시며 승리자십니다. 저를 당신께 드립니다. 모든 것을 당신께 돌려드리니 당신만이 저를 다스리소서!"

이것이 믿음입니다. 예수 그리스도를 믿는다면 이제 확신을 갖고 흔들리지 말아야 합니다. 이제 다른 이의 말을 듣거나 교리를 따르는 것이나 어떤 다른 목적에 자신을 희생하는 것은 아무런 소용이 없습니다. 모두 다 쓸모없는 일입니다.

그러므로 나는 세상에 외치고 싶습니다. "죽어라! 그러면 네 안에 예수님이 사실 것이다"^{갈라디아서 2장 20절}라고 말입니다. 다른 말로 하면, 진리가 아닌 것과 거짓에는 눈길도 주지 마십시오. 예수 그리스도가 우리 주님이십니다. 정욕에서 비롯된 모든 것과 생각에서 나오는 모든 기만에 대항해 주먹을 불끈 쥐고 저항하십시오. 거짓된 것은 거짓되다 말하십시오. 주 하나님을 위해 그렇게 하십시오. 진리가 아닌 것은 모두 그치고 흔적도 없이 사라져야 합니다. 그럴 때, 우리는 예수님의 통치로 인해 얼마나 많은 일이 가능한지를 보고 깜짝 놀라게 될 것입니다.

그 때에 보좌에 앉으신 분이 말씀하셨습니다 .
"보아라, 내가 모든 것을 새롭게 한다."
또 말씀하셨습니다.
"기록하여라 이 말은 신실하고 참되다."
요한계시록 21장 5절

2
하나님께서 모든 것을 새롭게 하십니다
I make All things New

모든 말씀 가운데 으뜸은 이것입니다. "내가 만물을 새롭게 하리라!" 모든 것이 죽어서 흙과 먼지가 되는 것을 생각할 때 이 말씀만큼 위로와 용기를 주는 것도 없습니다. 모든 것을 새롭게! 하나님은 타락하고 죽어가는 세상을 그냥 내버려두실 수 없으며 바꾸길 원하십니다. 물론 우리는 회개를 통해서만 새로운 삶으로 들어갈 수 있습니다. 사도행전 2장 37-38절 안타깝게도 많은 사람들은 자기 주변의 것들이 몽땅 변해야 한다고 생각하면서도 자기 자신만은 예외로 둡니다. 사람들은 '아, 이것만 바뀌면 모든 게 좋아질 텐데.'라며 불평합니다. 하지만 우리는 세상에 새롭게 바뀔 필요가 없는 것은 아무것도 없다는 사실을 깨달아야만 합니다. 특히 무엇보다 우리 자신이 바뀌어야만 합니다. 각자 자신을 가만히 살펴보십시오. 우리 모두가 새롭게 되어야만 합니다!

사랑하는 여러분, 지금 우리의 상황은 어떠합니까? 이 새롭게 되는 문제와 관련해서 기독교에 어둠이 짙게 드리워져 있습니다. 우리는 조금만 변해도 그것으로 쉽게 기독교 신앙에 만족해 버립니다. 사람들은 그 이상을 바라지 않습니다. 하지만 누구라도 진지하게 생각해본다면 "이게 전부일 수 없어."라고 말해야 합니다. 조금 맛본 것으로 끝내선 안 됩니다. 모든 것이 새롭게 되어야 합니다. 그것도 당신이 최우선적으로 말입니다. 얼마나 오랫동안 우리는 교회에 앉아서 설교를 들었습니까? 얼마나 자주 우리는 우리 자신을 책망했습니까? 그런데도 새롭게 변할 기미는 보이지 않습니다. 정말 끔찍이도 슬픈 사실이지만 그동안 우리는 아무것도 변한 게 없습니다. 우리 눈앞에 새로운 것이 놓여 있는데도 그것을 얻지 못하고 있습니다. 항상 문 앞까지 와있는데도 여전히 들어오지 못하고 있습니다.

이 사실 때문에 무척 실망하고 낙심될지도 모르겠습니다. 아닙니다. 오히려 이 때문에 우리는 회개로 나아가야 합니다. 도대체 왜 우리는 돌이키지 못하는 것일까요? 왜 죄를 이길 능력을 얻지 못하는 것일까요? 왜 변화가 일어나지 않는 것일까요? "우리의 구원자, 예수 그리스도여, 우리를 불쌍히 여기소서!" 이게 우리의 부르짖음이어야 하지 않을까요?

그리스도인들 가운데 오만한 이들이 너무 많습니다. 실상은 그럴 자격이 전혀 없는데도 말입니다. 다들 자기 신앙에 도취되어 자신들만이 해답을 가지고 있으며, 자기 교회가 최고라고 자부합니다. 우리 중에 조금이라도 그렇게 생각하지 않는 이가 얼마나 될까요? 바로 이런 태도가 바뀌지 않는다면 우리는 멸망할 것이며, 죽음의 행렬에 동참하게 될 것입니다. 사람들은 습관과 전통 안에서 늘 하던 대로 지루하게 살다가 결국은 무덤에 들어갑니다. 죽은 이의 관 위에 흙을 덮고 사람들은 집으로 돌아가 아무 일도 없었다는 듯이 전처럼 멍하니 대충대충 살아갑니다.

그러므로, 하나님께 돌아서십시오! 하나님은 "아마도 상황이 되면 새롭게 만들어주마. 좀 생각해 보자"라고 말씀하시지 않습니다. 하나님은 곧바로 말씀하십니다. "내가 모든 것을 새롭게 만들겠다." 이 약속은 우리 시대를 위한 것입니다. 이 약속은 누구든지 새롭게 되기를 원하는 사람을 위한 것입니다. 누구든지 자기 재산을 포기할 준비가 되어 있는 사람, 자기를 내세우지 않는 사람, 자기 목숨을 사랑하지 않는 사람에게 열려 있습니다. 한번 시험해보십시오. 철저히 회개하고 완전히 믿어보십시오. 비록 몇 사람만 새롭게 된다 해도 엄청난 사건이 될 것입니다. 그리고 마침내 모든 것이 새롭게 될 것입니다.

이 세상과 우리에게 닥칠 심판을 앞에 두고 믿음으로 이 약속을 붙들어야 합니다. 세상이 어떤 상황인지 잘 알지 않습니까?

무시무시한 파괴력을 가진 무기들이 인류를 위협하고 있고, 어둠의 세력이 지구를 피바다로 만들기 위해 사람들을 몰아가고 있습니다. 이처럼 전쟁과 전쟁의 소문이 언제까지고 계속되어야 한단 말입니까? 하나님의 군대가 세상 군대를 물리칠 그 날이 오기를 기도하지 않는다면 하나님이 만물을 새롭게 할 것이라고 믿는 것은 우스꽝스러운 얘깁니다.

모든 것이 새롭게 바뀌기 위해선 우리 인간이 아니라 하늘에서부터 무언가가 시작되어야 합니다. 하나님이 다시금 행동하셔야만 합니다. 예수님으로부터 이 현실 세계로 생명의 능력이 침투해야 합니다. 그래서 온 세상이 권능의 하나님이 정말 누구신지를, 또 그분은 결코 잠자코 지켜만 보실 분이 아니라는 사실을 분명히 깨달을 수 있어야 합니다. 하지만 많은 사람들은 하나님이 뭔가를 하실 수 있다는 것을 믿지 않습니다. "세상 국가들의 운명을 하나님이 다스리신다."라고 말은 합니다. 그러나 실상은 모든 것은 하나님이 하신 것이라고 이름표를 붙이고 심지어 사탄이 저지른 일조차도 모두 하나님 탓으로 돌립니다. 하나님의 창조세계를 위협하는 위험들이 제거되고 우리 기도가 응답될 날이 어서 오길 소망합시다.

수많은 것들이 우리를 위협합니다. 전쟁이 아니더라도 수백만의 사람들이 태풍과 지진, 폭발, 전염병, 온갖 사고로 죽어가고 있습니다. 거기에다가 헤아릴 수 없는 질병이 몸과 마음을 괴롭히고 있습니다. 얼마나 많은 이들이 병원에서 신음하며 죽음을 기다리고 있는지 모릅니다. 어떤 이들은 질투와 증오와 악의로 서로를 죽음으로 서서히 몰아갑니다. 한 해에 살해되는 사람이 얼마나 되는지 생각해보십시오. 총에 맞아 죽지 않더라도 사람들은 어쨌든 죽어가고 있습니다.

사람은 누구나 언제 닥칠지 모르는 불행에 대비해야 합니다. 불행이 닥치면 우선 믿음을 가지고 심판이 철회되길 기도해야 합니다. 하나님이 약속을 지키실 것을 믿는다면, 또 이미 새 생명 안에 살고 있다면요한일서 5장 3-5절 어떤 일이 닥치더라도 넘어지지 않을 것입니다. 새로운 것을 맞이하기 위해 일어서십시오. 그것을 위해 기도하고 구하십시오. 온 세상은 아직도 하나님의 권능으로 새롭게 되어야만 합니다.

이것이 예수 그리스도가 원하시는 것입니다. 이런 이유 때문에 예수님은 죽은 자 가운데서 처음으로 부활하신 것입니다. 이것 때문에 그리스도께서 태어나셨으며 십자가에서 죽으시고 부활하셔서 하나님 우편에 앉아계신 것입니다. 이 새로움을 만나러 갑시다! 이것이 우리가 믿어야만 하는 것입니다. 이것이 미래를 바라보는 우리의 태도여야 합니다.

거룩한 것이 찾아올 때 주의하십시오. 그때 우리는 심판의 불을 통과하게 될 것입니다. 우리가 준비되어있다면 순금과 같이 정결케 될 것입니다. 그 후에 우리는 참된 삶을 살아야 합니다. 하늘에 있는 모든 것이 참되고 주 예수님이 온전하고 모든 천사들이 참되고 하나님이 참된 것처럼히브리서 6장 13절 당신도 참된 존재가 되어야 합니다. 이것이 새롭게 된다는 의미입니다. 그리고 이 새로운 존재는 우리에게 결코 멀리 있는 것도 아닙니다. 그것은 우리 문 앞에 와 있으며 이 땅위에 이미 와 있는 것입니다. 그리스도를 조금이라도 경험한 사람은 늘 새로운 것을 보고 있는 것입니다.

예수님은 말씀하십니다. "나는 길이요, 진리요, 생명이다." 이 중에 위험에 처한 것은 진리입니다. 이 진리는 새로운 실재가 되어야 합니다. 이것은 새로운 교리, 새로운 법, 새로운 조직의 문제가 아닙니다. 기독교는 예수님의 이름으로 많은 교리와 법과 조직을 만들어왔습니다. 그러나 이것은 그리스도가 말한 진리가 아닙니다. 우리가 귀를 열고 들어야 하는 그 진리는 인자the Son of Man가 세상에 가져오신 새로운 실재를 말합니다. 그것은 하나님께서 그의 백성 가운데서 시작해서 마지막에는 모든 피조물 가운데서 새로운 실재를 창조하신다는 소식입니다. 하늘과 땅이 이 새로운 실재 속에서 새롭게 회복될 것입니다.베드로후서 3장 12-13절

너무나 많은 사람들이 옛 실재 속에서 살아가고 있으며, 거기에 완전히 지배당하고 있습니다. 옛 실재 안에서 모든 것은 쇠퇴하고 멸망합니다. 그 배후에는 강력한 어둠의 세력 즉 사망이 있습니다. 인간도 자연도 모두 삶과 죽음의 터널을 통과합니다. 죄가 생명 속으로 파고 들어오면 인생은 그르치고 타락합니다. 하지만 예수님 안에서 새로운 실재, 세상 역사에 저항하는 새로운 실재가 나타났습니다. 옛 것 옆에 나란히 새로운 것이 시작되었

습니다.

옛 실재는 단번에 쉽게 사라지지 않습니다. 새로운 실재가 왔지만 여전히 옛 것이 존재합니다. 그러나 예수님 안에서 새로운 역사가 시작합니다. 하나님의 새로운 역사가 시작됩니다._{요한일서 2장 8절} 물론 하나님은 예전에도 존재하셨고, 성령은 과거 역사 속에서도 활동하셨습니다. 하지만 지금, 바로 지금 새로운 어떤것이 그리스도 안에서 시작한 것입니다. 하나님은 이렇게 하시기로 태초부터 작정하셨습니다. 그럼에도 불구하고 사망은 지금도 세상을 지배하고 있고, 신자들의 삶에 여전히 손을 뻗치고 있습니다. 이 사망의 세력이 가장 강력했던 때는 바로 예수님이 나타나셨을 때였습니다. 그래서 예수님조차도 사람들에게 뭔가 완전히 다른 것, 새로운 역사가 이 세상으로 왔다는 것을 알리기 위해 엄청난 싸움을 치러야 했습니다.

이 새로운 역사는 각 사람 안에 계시됩니다. 당신과 나, 우리 모두 안에서 드러나야 합니다. 이제 새로운 일이 가능해졌습니다. 하지만 이 진리 안에 거하지 않는다면 아무것도 이룰 수 없습니다. 이것은 도그마가 아닙니다. 새로운 말씀입니다. 능력을 가진 말씀입니다. 이것은 예수 그리스도의 살아있는 인격입니다. 그에게서 인류의 새 역사가 동트며 완성됩니다. 당신은 예수 그리스도의 실재 안에서 살고 있습니까? 예수님의 권위 아래 복종하고 있습니까? 당신은 정말로 이것을 이해하고 받아들일 수 있습니까? 극심한 고난 가운데서도 예수님께 당신 삶을 맡기고 따라갈 수 있습니까?

만약 그렇지 않다면 당신은 하나님나라를 추구하는 삶과 거리가 멉니다. 도대체 하나님나라라는 것이 무엇입니까? 그것은 기독교 조직이나 운동들이 결코 아닙니다. 하나님나라는 하나님의 권능입니다. 하나님의 통치입니다. 하나님나라는 여기 이 땅위에 거룩한 생명이 계시되는 것이며, 새로운 마음과 생각과 감각과 새로운 가능성이 태어나는 것입니다. 이것이 하나님나라입니다. 하지만 하나님의 통치가 무엇을 의미하는지 아는 사람이 어디에 있단 말입니까? 도대체 누가 하나님이 누구신지 이해하고 있습니까?

이것을 제대로 이해하기 위해서는 예수님은 하나님으로부터 오셨다는 것을 인정해야 합니다. 예수님은 온 세대를 두루 비추는 빛입니다.요한복음 1장 9절 예수님은 사망을 이기시기 위해 하나님으로부터 오셨습니다. 예수 그리스도는 사망을 정복하시려고 우리 가운데 우리와 같은 모습으로 오셨습니다. 그분은 완전히 새로운 삶, 새로운 질서를 위한 토대를 놓으셨습니다. 그분 안에서 우리는 존재 깊은 곳에까지 완전히 다른 사람이 될 수 있습니다.

이것이 하나님나라의 참 모습이며 능력입니다. 우리가 여전히 사망의 늪으로 떨어지며, 어둠이 계속해서 우리 삶을 지배한다면 우리에게 기독교는 도대체 무슨 소용이 있단 말입니까? 만약 모든 것이 옛 습관 속에서 변하지 않는다면 그리스도에 대한 신앙이란 도대체 무슨 소용이란 말입니까? 죄의 세력이 우리 안에서 계속 활동한다면 뭔가 잘못된 것입니다. 그렇다면 우리 기독교와 신앙과 예배는 아무런 가치도 없습니다. 새로운 생명, 새로운 능력, 새로운 기쁨은 현실에서 드러나야만 합니다. 우리는 더 이상 사망의 지배 아래 살고 있지 않으며 죄의 권세 아래 있지 않습니다. 우리는 하나님이 주신 참 생명의 실재 가운데 살고 있는 것입니다.

두 가지 물결이 나란히 서로 반대방향으로 흐르고 있습니다. 죄는 우리를 지배하려고 하며 어떻게든 파멸로 이끌려고 합니다. 그리고 이 물결에 거슬러 예수 그리스도, 생명의 왕이 역사하십니다. 그분은 우리 자신을 완전히 다른 차원으로 인도하십니다. 죽음조차도 극복할 수 있습니다. 여전히 우리는 죽음을 맞이할 것이지만 예수님은 약속하십니다. "나를 믿는 자는 죽더라도 죽음을 보지 않을 것이다." 이보다 더 위대한 약속이 있을 수 있단 말입니까? 이런 말씀을 듣고 그 의미를 깨닫는다면 세계 역사까지도 새로워질 것입니다.

그리스도 안에서 새 날이 밝았습니다. 과거를 비춘 이 새날은 우리의 미래도 비출 것입니다. 그리스도의 새날은 곧 하나님의 영원입니다. 이 모든 것이 가능한 이유는 그리스도께서 죽음에서 부활하셨기 때문입니다. 그분만이 부활하셨기에 그분만이 중요합니다. 우리는 아무리 거룩하고 신앙이 좋다하더라도 인간에게 의지하지 않습니다. 모든 것은 통치자이신 주 그리스도로부터 나와야 합니다. 그분만이 승리자입니다. 그분만이 죄와 죽음의 세력을 뚫고 우리의 마음과 세상으로 오실 수 있습니다. 어떤 훌륭한 인간이나 단체가 할 수 있는 일이 아닙니다. 이제 새로운 가능성이 열렸습니다. 하나님께서 세상을 다시 다스리실 수 있습니다. 이 가능성이 우리 가슴 속에 살아 움직여야 합니다. 그러면 참 그리스도가 우리와 함께 하시며 모든 것을 새롭게 만드실 것입니다.

또 우리에게 약속하신 분은 신실하시니, 우리는 흔들리지 말고,
우리가 고백하는 그 소망을 굳게 지킵시다.
그리고 서로 마음을 써서 사랑과 선한 일을 하도록 격려합시다.…
서로 격려하여 그 날이 가까워 오는 것을 볼수록, 더욱 힘써 모입시다.

히브리서 10장 23-25절

3
서두르십시오, 그리고 기다리십시오!
Get busy and Wait!

하나님나라는 그리스도로 시작하고 그리스도로 끝납니다. 확신을 갖고 담대하게 외쳐야 합니다. "구원자는 다시 오실 것입니다." 그리고 그의 일을 완성하실 것입니다. 우리가 할 일은 그분이 오실 때까지 종으로서 섬기는 것입니다. 우리가 이 땅에 사는 것은 삶을 통해 예수 그리스도의 오심을 대신 드러내기 위해서입니다. 그러므로 우리는 마치 우리 힘으로 이 땅에서 승리를 쟁취할 수 있는 것처럼 안달하며 분주하지 말아야 할 것입니다. 우리에게는 그럴 능력이 전혀 없습니다. 오직 주 예수님, 이미 오셨고

다시 오실 그분만이 승리를 가져오실 수 있습니다. 우리가 아니라 그분이 마무리하실 것입니다. "그분이 다시 오실 것"이란 사실을 단호하게 끝까지 믿는다면 하나님나라의 복음을 생생하게 경험할 것입니다. 이 복음과 그리스도의 인격을 따로 떼어놓아선 안 됩니다. 예수님과 인격적인 만남 없이 복음에 대해 말하고, 하나님나라에 대해 얘기 하는 것은 아무런 소용이 없습니다.

그러므로 예수 그리스도의 오심을 준비해야 합니다. 그분의 오심은 미래의 사건이기도 하지만 기다리는 이들에게는 지금도 경험될 수 있는 실재입니다. 우리는 그분의 오심을 깨어 기다리는 종이 되어야 합니다. 우리 자신을 위해 모든 것들을 완벽하고 멋있게 갖추어 놓는 것이 아니라 그분이 오실 때까지 우리의 주된 관심들을 미뤄놓아야만 합니다.

예수님의 종에게는 이중적인 임무가 있습니다. 그것은 그분을 기다리는 것인데, 이 기다림은 수동적인 기다림이 아니라 그분의 청지기가 되어 뭔가를 하는 능동적인 기다림인 것입니다. 구원자를 기다리는 사람은 그분과 인격적인 사귐을 가져야 합니다. 그래야 복음이 생생한 현실이 되고 삶에 의미를 줍니다. 기독교인들 중에는 독특한 교회나 색다른 사역들로 뭔가를 성취할 수 있을 것이라고 기대하며 늘 참신한 것들을 찾아다니는 사람들이 많이 있습니다. 우리는 그런 것들에 관심이 없습니다. 우리는 다시 오실 구원자의 약속에 모든 것을 겁니다. 그리고 구원자가 친히 우리와 함께 하시지 않는다면 우리 인간은 끝까지 신앙을 지키며 살 수 없을 것입니다.

우리의 체력이 아무리 강하고 지성과 감각이 아무리 뛰어나다 할지라도 언젠가는 죽을 것입니다. 우리 인생은 죽음을 향하고 있습니다.고린도전서 7장 31절 우리 기력은 쇠하고 있고, 우리 사고는 희미해질 것이며, 우리 감각들이 지금은 아무리 예민하다 할지라도 둔해질 것입니다. 죽음의 법은 우리가 생각하고 느끼고 일하는 모든 것을 뒤덮고 있습니다. 그러나 이제 생명의 법이 이 죽음의 세계에 침투하고 있습니다. 바로 주 예수 그리스도이십니다. 그는 죽음에서 부활하시고 영원히 사시는 분입니다. 또한 이 세상 너머에 계시면서 우리와 만나주시고, 성령을 보내주셔서 이 죽음의 세계 한복판에서 우리가 그분의 은사와 임재와 다시 오심을 통해 새 생명을 얻게 하십니다.

우리는 예수 그리스도가 마지막 날에나 다시 오실 것이라고 기대해선 안 됩니다. 그는 언제나 지금 여기 우리 삶 속으로 오신다는 비전을 가져야만 합니다. 예수님은 반드시 다시 오십니다. 그분의 날은 다가오고 있습니다. 그리고 나는 과거에 그분을 경험한 것처럼 오늘도 내일도 그분을 경험할 것입니다. 복음은 생명이며 위로입니다. 예수님은 반드시 다시 오실 것입니다. 복음은 잠깐 사라지더라도 다시 돌아옵니다. 예수님은 우리를 실망시키지 않으실 것입니다. 당신 안에서 어떤 일을 한번 시작하셨기에 다시 그것을 완성하실 것입니다. 그것을 확실히 믿고 흔들리지 않으면 빛이 당신에게 비추어 어떤 고난 속에서도, 심지어 죽음이 닥치더라도 기뻐할 수 있을 것입니다.빌립보서 1장 6절 이것을 기억하고 붙잡으십시오. 예수님이 다시 오실 것입니다. 이렇게 함으로 당신은 종이 되는 것입니다. 예수님의 지상에서의 생명은 결코 끝난 것이 아닙니다. 절대 아닙니다. 예수님의 삶은 이 땅에서 계속 되고 있습니다. 우리 온 마음과 온 감각을 쏟아 예수님을 기다리고 영접한다면 우리는 이 땅에서 예수님의 생명의 종이 될 것입니다.

기다리는 자는 예수님이 오셔서 문을 두드릴 때 마음을 엽니다.요한계시록 3장 20절 예수님은 살아 계십니다. 살아가는 동안 어떤 큰 슬픔이 닥치더라도, 심지어 사랑하는 사람이 우리 곁을 떠나는 그 순간에도 우리의 가슴 속 가장 깊은 소망은 그리스도의 오심이어야 합니다. 주 예수님은 모든 것 위에 계십니다. 예수님은 그 어떤 것보다 소중합니다. 비록 질병과 고통과 죽음이 우리를 둘러싸고 위협하고 있더라도 거기에 조금도 마음 쓸 필요 없습니다. 모두 중요하지 않습니다. 예수님이 오시지 않습니까? 예수님은 그 무엇보다 강하시며 반드시 오십니다. 오직 이것만이 우리가 이 땅에 사는 이유입니다. 바로 이 때문에 우리는 어떤 두려움과 고난이 오더라도 죽기까지 싸울 것입니다. 예수님은 오신다! 이것만큼 우리에게 확실한 것은 없으며, 이 땅에 사는 동안 이 빛 안에서만 살고 싶습니다.

종의 임무는 아무것도 하지 않으면서 그저 기다리는 것이 아니라 청지기 역할을 수행하는 것입니다. 청지기가 할 일은 종들,

즉 우리에게 맡겨진 사람들을 잘 돌보는 것입니다. 그리고 우리 마음과 사고만 넓고 깊다면 지구상에 있는 모든 사람들이 우리에게 맡겨져 있다고 말할 수 있습니다. 갈라디아서 6장 9-10절 그리스도의 종은 구원자가 다시 오실 것을 기다리며 모든 사람에게 손을 내밉니다. 그리스도의 재림이 무시무시한 심판의 날이라고 생각하는 사람이 많습니다. 불신자는 지옥으로 던져지고 믿는 자는 구원받는다고 생각합니다. 아닙니다. 예수님은 다시 오시는 날 심판하고 처벌하려는 것이 아니라 회복하고 온전하게 만드는 구원자로 영접 받고 싶어 하십니다. 하나님이 예수님을 보내신 이유가 바로 그것입니다. 예수님의 초림 이후로 하나님의 사랑이 온 세상을 감싸고 있습니다. 그 사랑에서 제외된 사람은 아무도 없습니다. 심지어 무신론자일지라도 하나님이 사랑하시며, 우리를 통해 하나님의 가족이 되었습니다. 그들도 무언가를 할 수 있습니다. 우리 시대에도 사람들이 이 땅의 삶을 개선하기 위해 얼마나 선한 일을 하고 있는지 볼 수 있습니다. 우리는 이 땅에서 주변 사람들, 넓은 의미에서 하나님의 가족들의 도움과 선행을 경험하고 있는 것입니다.

만약 남을 판단하고 심판하며, 이 세상에 대한 희망을 버린다면 우리에게 화가 있을 것입니다. 왜냐하면 예수 그리스도께서 바로 이 세상을 위해 오셔서 고난 받고 죽으시고 부활하셨으며, 또 이 세상을 위해 반드시 다시 오실 것이기 때문입니다.

그러므로 여러분은 관리인이 되어야 합니다. 그저 기다리기만

하는 게으른 종이 아니라, 부지런한 관리인이 되어야 합니다. 할 일이 너무도 많습니다. 당신 주변에는 하나님이 돌보라고 맡겨 주신 사람들이 많이 있습니다. 가족일 수도 있고 옆집 사람일수도 있으며, 매우 세속적인 사람들일 수도 있습니다. 심지어 민족들까지도 "하나님의 가족"으로 여겨야 하며 하나님이 그들을 사랑하신 것처럼 사랑해야 합니다. 하나님이 그들에게 오직 선만을 행하신 것처럼 우리도 그들에게 선을 행하고 복을 빌어주어야 합니다. "하나님이 그 해를 악인과 선인에게 비추시며 비를 의로운 자와 불의한 자에게 내려주심이라."마태복음 5장 45절 우리는 구원자의 구속의 능력이 더 많은 사람들에게 미치기를 원합니다. 비록 우리가 이해할 수 없을 때도 있고 오랜 시간 기다려야 할지도 모르지만 언젠가는 문이 활짝 열릴 것입니다. 인간의 영혼이 자유롭게 해방될 것입니다. 그리고 새로운 평화와 기쁨이 이 지상에 임할 것입니다.

나는 자칭 기독교인이라고 하는 사람들이나 또는 참된 그리스도인들조차도 자신이 잘되기를 바라는 것처럼 모든 사람들이 잘되기를 진심으로 바라지 못하는 모습을 보면서 슬퍼질 때가 자주 있습니다. 하나님의 선물인 용서의 마음으로 가득 찬 사람이 이토록 없단 말입니까? 오히려 대부분의 기독교인들은 자신들을 남보다 높은 데 올려놓고 구분 짓고 갈라놓습니다. 하지만 우리가 구원자를 기다린다고 하는 것은 우리의 죄뿐만이 아니라 온 세상의 죄가 용서되길 기다리는 것입니다.요한1서 2장 2절 만약 용서하고자 하는 마음과 모든 사람을 위해 구원자가 오시기를 기다리는 마음이 우리 마음에서 솟구치지 않는다면 우리는 참다운 종이 아닙니다. 비록 사랑과 자비와 용서에 대한 하나님의 뜻을 알고 있을지는 모르지만 그 뜻을 행하는 데는 실패한 것입니다. 하나님의 사랑이 우리 삶을 온전히 지배하지 못하기 때문입니다. 그리고 이것 때문에 우리는 벌을 받게 될 것입니다. 우리가 만약 하나님의 사랑과 용서로 충만하지 않다면, 세상을 애정 어린 선한 눈으로 바라보지 않는다면, 다른 사람들을 사랑으로 붙들어주지 않는다면, 하나님 또한 우리를 돌보아 주지 않으실 것이며 교회를 다니는 것과 상관없이 우리를 불신자로 여기실 것입니다._{마태복음 6장 14-15절} 하나님은 말이 아니라 실제 삶에 관심을 가지십니다. 그리고 그리스도인의 삶의 참 모습은 용서이며, 아무리 절망적으로 보일지라도 세상을 포기하지 않고 잘되길 바라는 것입니다. 참혹한 전쟁과 끔찍한 일이 벌어지더라도 하나님은 그것들보다 강하고 위대하십니다. 하나님은 그분의 뜻을 이루실 것입니다. 마침내 죄는 없어질 것이며, 정의와 진리와 하나님의 사랑이 세상에 가득할 것입니다.

나는 '주 예수여, 오소서!'란 생각을 하지 않고는 단 한 시간도 살 수 없습니다. 만약 우리 모두가 다 같이 나처럼 생각할 수만 있다면 당신이나 가족에게 어떤 어려움이 생길지라도 우리 모두 하나가 되어 하나님의 능력을 경험하게 되고 오실 예수님을 증거할 수 있을 것입니다. 우리는 고난을 당할 때나 죽는 순간에도 하나님이 주시는 놀라운 능력을 경험하게 될 것이며 그것으로 하나님의 권능을 세상에 증언하게 될 것입니다. 그리고 구원자가 다시 오신다는 사실을 기억하게 됩니다. 그분이 오늘 오실까요? 아니면 내일 오실까요? 우리는 그분이 언제 어떻게 오실지 묻지 않습니다. 그분은 언제라도 오실 수 있습니다. 그러므로 그분의 거룩한 능력에 참여합시다. 그럴 때 우리는 그분의 미래를 지금 맛보게 될 것입니다.

우리가 하나님으로부터 어떤 도움을 받더라도 그것이 예수 그리스도의 다시 오심과 관련되지 않은 것이라면 그리 큰 가치가 없습니다. 그리고 다른 사람들이 여기저기서 도움을 받는다 해도 그것이 구원자의 오심과 연관되어 있지 않다면 그저 일시적인 것일 뿐입니다. 하지만 예수 그리스도, 살아계신 분, 처음이자 마지막이신 그분, 알파와 오메가, 전에도 계셨고 지금도 계시며 다시 오실 분과 관련된다면 우리가 받는 모든 도움은 우리 안에서 영원을 경험하는 것입니다. 요한계시록 1장 5-8절 우리가 받는 모든 도움으로 우리는 영원한 생명에 참여하게 되는 것입니다. 그러므로 분명한 사실은, 우리가 하나님께 아무런 도움을 받지 못하고 있다면 우리 믿음은 참으로 불쌍한 것이라는 것입니다.

주님은 수많은 상황 속에서 우리에게 오십니다. 그러므로 "영생을 잃어버렸습니다. 하나님과 더 이상 함께 할 수 없습니다."라고 말하는 것은 부끄러운 일입니다. 우리는 수없이 하나님을 경험하고 있습니다. 하나님은 우리에게 매일 새로운 것을 가져다

주시며, 우리의 삶과 다른 이들의 삶 속에서 또 삶과 죽음 속에서 수많은 것들을 경험하게 하십니다. 그렇습니다. 사람들이 죽는 순간에도 우리는 구원자의 오심을 보았습니다. 생의 마지막 순간에도 구원자가 오고 계시기에 많은 이들의 눈이 밝게 빛나는 것을 보았습니다. 이 때문에 우리는 위로를 얻고 기뻐할 수 있습니다. 그리고 쉬지 않고 반복해서 노래 부릅니다. "예수님이 다시 오십니다. 그의 날이 가까워지고 있습니다!" 이 노래가 거룩한 소리로 우리 삶을 둘러싸고 감싸서 우리가 자신감과 힘을 얻어야 합니다.

이제 마음을 굳게 하고 서로 하나가 됩시다. 예수님이 우리에게 맡긴 사명은 우리가 충분히 감당할 수 있으며, 완수할 수 있는 것입니다. 그 과정에 실수를 할 수도 있습니다. 또 하나님께 꾸중들을 일을 저지를 수도 있습니다. 하지만 하나님은 자상하신 분입니다. 그분이 우리를 종으로 만드셨고 우리는 그분의 종으로 남기 원합니다. 우리는 종으로서 그리스도의 위대한 날을 맞이할 것이기 때문입니다. 그리스도의 날이 온 세상에 임하면 우리는 하나님이 어떤 분이신지를 알게 되고, 영원한 기쁨으로 충만하게 될 것입니다.

그러나 그 날과 그 시각은 아무도 모른다.
하늘의 천사들도 모르고, 아들도 모르고, 오직 아버지만이 아신다.
노아의 때와 같이, 이 인자가 올 때에도 그러할 것이다.…
그러므로 깨어 있어라.
너희는 너희 주님께서 어느 날에 오실지를 알지 못하기 때문이다.

마태복음 24장 36-42절

4
구원자는 지금 오고 계십니다
The Savior Is Coming Now

구원자 예수 그리스도는 우리에게 계속해서 외치십니다.

"깨어 있으라! 준비하라!"

이 말씀은 특별히 '내가 곧 가리니 깨어 있으라. 나의 미래를 기다리며 깨어있으라!'는 의미입니다. 이 말씀은 예수님이 우리에게 주시는 임무입니다. 우리가 '깨어 미래를 기다리라'는 임무를 수행한다면 그분의 미래가 지금 우리의 현실이 될 것입니다. 우리가 깨어 기다릴 때 하나님의 미래가 더 가까워집니다. 삶의 모든 영역에서 이것을 경험할 수 있습니다. 우리는 현재에만 관심을 가질 수 없습니다. 우리는 미래와도 연결되어 있기 때문입니다. 우리는 지금 여기서 이미 미래를 경험하고 있습니다. 반복해서 새로운 생명이 주어지고, 새로운 길이 열리고 있습니다. 그럴 때마다 우리는 예수 그리스도의 미래의 한 부분을 경험하는 것입니다.

그리스도의 미래란 먼 미래의 한 시점이 아니며, 막연히 기다려야만 하는 장래 사건이 결코 아닙니다. 만약 그렇다면 아마 모두가 기다리다 지쳐 잠들어버릴 것입니다. 그리스도의 미래는 지금이어야 합니다. 그렇지 않다면 그것은 아무런 가치가 없습니다. 모든 신자와 모든 교회는 그리스도의 미래를 지금 경험해야 합니다. 우리 모두는 예수 그리스도를 통해서 하나님의 역사deed를 오늘, 내일, 그리고 매일 경험해야만 합니다.

구원자는 지금 오고 계십니다. 그분은 때를 정해놓고 기다리다가 갑자기 세상에 나타나 사람들을 놀라게 하려고 천국 보좌에 앉아 쉬고 계신 것이 아닙니다. 하나님의 일하심으로 '그리스도의 오심'은 인간 역사에 처음부터 끝까지 한 가닥 실a thread처럼 계속되고 있는 것입니다. 이 실이 끊어지지 않으려면 예수님은 늘 오셔야 합니다. 가끔 태풍이 불고 천둥이 치며, 슬픔과 고통의 시간이 있을 것입니다. 하지만 우리가 더 이상 살아갈 수 없다고 느끼는 바로 그 순간 우리 앞에 새로운 길이 열립니다. 그리고 반드시 우리의 기다림이 마무리 되는 때가 올 것입니다.

여러 사람들이 내게 그리스도의 재림에 관해 연구해 보라며 많은 책을 권합니다. 그런 책들은 정말 지루하기 짝이 없습니다. 나는 너무 둔해서 그런지 대부분 책 내용을 반도 이해하지 못합니다. 저자들은 지루한 계산을 늘어놓은 뒤에 놀랄만한 결과를 도출해 내고 있지만 그런 추측과정을 이해하기가 여간 어려운 게 아닙니다. 그럴 때마다 나는 이런 생각이 듭니다. '하나님, 만약 당신이 미래에 이런 식으로 오신다면 저는 받아들일 수 없습니다.' 내가 생각할 때 이런 어리석은 짓들이 완전히 사라지려면 사람들이 오직 한 가지만 집중하도록 해야 합니다. 그것은 바로 **지금 여기**에서 하나님께 뭔가를 기대하게 하는 것입니다.

우리는 그리스도의 재림에 대해 너무 많은 말을 해선 안 됩니다. 그 일이 어떻게 일어날지 아는 것은 우리에게 허락되지 않았습니다. 요한계시록을 무리하게 해석하면 모든 것을 망쳐버리고, 완전히 잘못된 길로 빠져들 수 있습니다. 이것을 명심하십시오. 누군가 성경에서 하나님에 대해 뭔가를 발견한다면 그는 햄스터처럼 행동해야 합니다. 그것을 재빨리 자기만의 저장고에 옮기고 누구에게도 알리지 않는 것입니다. 우리는 그분이 오시기를 잠잠히 기다려야 합니다.

그러므로 깨어 기다리십시오. 깨어 기다리고 기뻐하십시오. 비록 두려움이 당신에게 몰려오더라도 깨어 기다리십시오. 구원자가 오셔서 주실 미래의 어떤 것이 당신의 삶 속에서 드러날 것입니다. 나는 이것을 자주 경험합니다. 언제나 헤쳐 나갈 길은 있습니다. 더 이상 버틸 수 없다고 느끼는 그 순간에도 하나님은 내게 새로운 길을 보여 주셨고 나는 다시 일어설 수 있었습니다. 그 때 우리는 그리스도의 미래의 한 부분을 현재에 경험하는 것입니다. 우리는 구원자가 오신다는 사실에 의지해 살고 있습니다. 우리를 참 생명으로 인도할 그 위대한 분을 기다리고 있다는 사실 때문에 우리의 삶과 생각은 활기를 얻게 되는 것입니다.

선한 것을 희망하는 사람들이 많이 있습니다. 이들은 세상이 아무런 변화 없이 늘 그대로일 것이라고 생각하지 않으며, 인류 역사는 어떤 목적을 향해 가고 있다고 믿습니다. 진보에 대한 희망이나 더 나은 미래에 대한 기대, 그리고 그것을 위한 노력들은 우리가 굳게 믿고 선포하는 것, 바로 "구원자가 오신다"라는 이 한 가지 소망에서 비롯한 것이며 그 소망을 입증하는 것입니다.

우리는 긴장을 늦추지 말고 깨어 기다려야 합니다. 당신은 예수 그리스도의 미래를 개인적으로 경험해야 합니다. 당신이나 주변 사람이 어떤 놀라운 보호나 도움을 경험하고 새로운 길로 인도받는 것을 보거든 '우리가 지금 그리스도의 미래를 조금 경험하고 있다.'라고 생각해야 합니다. 그리스도가 오실 때는 어떤 특별한 분위기가 있습니다. 모든 표적과 하나님에게서 오는 도움은 가시적으로 드러납니다. 우리가 아무리 가난하고 약할지라도 우리는 끝까지 소망을 갖고 기다릴 것입니다. 그리고 우리를 가로 막던 것들이 사라지는 날이 올 것입니다. 이것도 그리스도의 미래를 경험하는 것이며, 이 모든 것은 하나님의 신비일 수밖에 없습니다.

구원자가 오십니다. 그는 모든 상황 속에서 나에게, 당신에게 그리고 우리 모두에게 오고 계십니다. 지금 세상이 노아시대처럼 온통 먹고 마시고 장가가고 시집가는 것에만 관심을 갖더라도 우리는 기다리기를 포기하지 말아야 합니다. 우리는 결코 생명력을 잃어선 안 됩니다. 우리는 살아있는 믿음을 가져야 하며, 죽어가는 세상 한복판에서 소망의 빛이 되어야 합니다. 또한 이 세상의 모든 성공과 성취 한가운데서도 빛이 되어야 합니다. 우리는 새로운 기술이나 발명보다도 훨씬 위대한 것을 기대하고 있습니다. 우리는 이 세상을 지배하는 죄와 악이 없어지길 소망합니다. 우리는 수많은 사람들을 얽어매고 괴롭히고 있는 고통과 죄악의 세력이 무너지길 기대합니다. 이것이 우리의 소망이며 기대입니다. 그리고 우리의 확신은 세상이 이뤄놓은 성취로 인한 승리감보다 훨씬 강한 것입니다.

이런 기대와 소망 때문에 우리는 나약해질 수 없습니다. 우리는 일상 속에서 그리스도의 미래를 기대하며 살아야 합니다. 세상에는 늘 불평하고 상황 탓만 하며, 옛날이 좋았다며 그리워하는 사람들이 있기 마련입니다. 하지만 이들은 완전히 잘못 생각하는 것입니다. 그럴수록 자신과 다른 사람까지 고통스럽게 만드는 것입니다. 과거에서 벗어나십시오! 우리가 원하는 것은 그리스도의 미래입니다!

모든 그리스도인들, 아니 어떤 다른 길을 갈망하는 사람이라면 누구나 그리스도의 미래를 현실에서 생생하게 경험해야 합니다. 그러므로 당신의 삶뿐만이 아니라 죽음까지도 예수 그리스도의 미래의 한 부분이 되어야 합니다. 우리는 죽어서 사망에 이르는 것이 아니라 생명으로 향해야 합니다. 우리의 마지막 순간에조차도 그리스도의 미래가 우리를 사로잡아야 합니다. 임종을 맞은 사람은 이렇게 외쳐야 합니다. "구원자가 오고 계신다!" 죄인들은 죄를 깨닫고 회개하며 고백해야 합니다. "구원자가 오고 계신다!" 이런 식으로 우리는 깨어 기다리는 것입니다. 그 외 다른 방법을 나는 알지 못합니다. 우리는 삶 속에서 바로 지금 그분의 오심을 경험해야 합니다. 이것이 예수 그리스도의 실제 모습입니다.

이렇게 깨어서 기다리는 것이 우리의 삶이고 신앙이며 하나님을 섬기는 것입니다. 구원자는 우리에게 진지하게 요구하십니다. "깨어라, 깨어라, 깨어 기다리라!" 그래서 우리 마음과 모든 삶 속에 그분이 오실 수 있는 토대를 놓기를 원하시는 것입니다. 구원자는 애타는 마음으로 이렇게 말씀하고 계십니다. "어떻게 하면 내가 이 사람에게 또 저 사람에게 더 가까이 다가갈 수 있을까? 어떻게 하면 나를 기다리는 저 사람을 만나러 갈 수 있을까? 어떻게 하면 저 많은 이들에게 다가가서 승리를 안겨줄 수 있을까? 어떻게 하면 기독교 안에서, 온 세상에서 '예수님이 살아계신다, 예수님이 승리자시다!'라는 외침이 퍼지게 할 수 있을까?" 우리가 깨어 기다리는 것은 우리 자신만을 위한 것이 아닙니다. 우리는 온 세상을 위해 기다리는 것입니다. 우리는 여전히 어둠에 사로잡힌 세상을 생각하며 기다리는 것입니다.

그러므로, 무관심이라는 어둠에 빠져들지 말고, 깨어 기다리십시오! 당신에게도 때가 올 것이니 준비하고 기다리십시오. 깨어 기다리십시오! 결코 방심하지 마십시오. 구원자는 가장 어려운 시기에, 가장 불행한 때에 오십니다. 깨어 기다리십시오, 구원자가 오고 계십니다. 세상을 대신해 깨어 있으십시오. 세상에 아무런 희망이 없다고 포기하지 마십시오. 구원자가 오실 때 물론 세상을 구별해 심판하실 것입니다. 믿음을 받아들이는 이들이 있고 또 현재로서는 거기에서 제외된 자들이 있다는 사실을 볼 때 이미 심판은 시작되었다고 볼 수 있습니다. 하지만 그렇다고 낙심할 필요가 없습니다. 예수 그리스도의 미래는 언제나 세상을 돕고 구원하는 것입니다. 모든 사람의 눈이 열릴 때가 올 것이며, _{빌립보서 2장 9–11절} 사람들은 자신들이 얼마나 잘못됐는지를 깨닫고 통곡하게 될 것입니다. 하지만 그들의 눈물이 진정 예수 그리스도의 미래와 구원자의 오심을 위한 것이어야만 도움을 받을 수 있을 것입니다.

믿음을 가진 우리는 예수 그리스도의 미래 속에 살고 있는 것입니다. 그러므로 우리는 구원자가 아직 오시지 않았다거나, 예수 그리스도의 미래를 조금도 경험해보지 못했다고 말해선 안 됩니다. 예수 그리스도의 미래에 대한 확신이 우리의 기쁨이며 우리 신앙생활의 원천입니다. 오늘도 그리고 내일도 이 기쁜 확신 속에 머뭅시다. 이 확신은 우리를 실망시키지 않을 것입니다. "구원자가 오고 계신다!"라고 외칠 수 있다는 사실 자체는 마치 하나님의 성령이 우리 속에서 샘처럼 솟아나 흐르는 것과 같습니다. 이 샘물은 절대 그치지 않을 것이며, 우리 모든 생각과 노력과 삶 속에서 힘과 용기를 주며 승리로 이끌 것입니다.

그러므로 깨어 기다리십시오! 여러분 모두 깨어 기다리십시오! 여러분 모두가 그리스도의 미래를 위해 싸우는 자가 되어야 합니다. 우리는 우리를 구원하시는 예수님의 종servant이 되어야 합니다. 자신을 그분께 드리고 마음에 준비를 하십시오. 그러면 예수 그리스도가 여러분 마음과 삶과 가정에 찾아오실 것입니다. 이 사실을 절대 잊지 마십시오.

'깨어 기다리십시오! 구원자가 오고 계십니다.'

5
당신의 하나님은 살아계십니까?
Is God still Dead?

얼마 전에 읽은 니체의 『자라투스트라는 이렇게 말했다』에 이런 내용이 있습니다. 산 속 동굴에서 수 년 동안 지내며 명상을 하던 자라투스트라는 그 고독한 장소를 떠나 사람들에게 돌아가려고 산을 내려가던 중 한 늙은 은둔자를 만납니다. 그 은둔자는 사람들에게 가지 말라고 경고하며 무엇 때문에 세상으로 내려가려는지 자라투스트라에게 묻습니다. "나는 사람들을 사랑합니다." 자라투스트라는 대답했습니다. 그러자 은둔자가 말합니다. "사람들을 사랑해서 내 인생이 이렇게 망가졌다네. 그래서 이렇게 세상과 떨어져 살고 있지. 나는 이제 사람이 아니라, 신을 사랑한다네." 이 말을 하고 두 사람은 서로 헤어졌습니다. 혼자 남아 그 은둔자와 했던 대화를 떠올리던 자라투스트라는 놀란 듯이 중얼거립니다. "아직도 신을 믿고 있는 사람이 있다니! 이 착한 노인네는 신이 죽었다는 소식을 듣지 못했단 말인가?"

이것을 읽고 나는 등골이 오싹해지는 느낌이었습니다. 그의 말 속에 뼈가 있었기 때문입니다. 신은 죽었습니다! 물론 하나님이 실제로 죽은 것은 아닙니다. 하지만 사람들의 삶 가운데서 하나님은 죽은 거나 마찬가지입니다. 이제 '하나님'이란 말을 꺼내도 마음이 들뜨는 사람은 아무도 없습니다. 그것은 아마도 세상에서 가장 지루한 말 가운데 하나일 것입니다. 만약 들판에 토끼가 뛰어 다니면 "야! 토끼다!"라고 소리 지르며 모두들 관심을 보일 것입니다. 하지만 대부분의 사람들에게 하나님은 아무런 관심도 끌지 못합니다. 신은 죽은 것입니다.

또 다른 면에서도 하나님은 죽었습니다. 현대문명은 더 이상 하나님이 필요하지 않게 되어 버렸습니다. 우리가 기차에 타고 있을 때 하나님이 무슨 소용이 있단 말입니까? 기관사는 알아서 우리를 목적지에 데려다 줄 것입니다. 기차가 달리는 동안 차장은 이런 저런 일로 불평하고 안달할 수도 있고, 화부火夫는 등골이 빠지도록 석탄을 퍼 넣을 것이고, 정비 기술자는 노심초사 기계를 점검할 것입니다. 하지만 그런 일에 우리는 아무 관심도 없습니다. 우린 그저 좌석에 앉아 있을 뿐입니다. 우리가 현대 문명이 우리에게 제공하는 모든 이기들을 누리면서 그토록 버릇없고 몰인정한 것은 이런 이유 때문입니다; 이제 하나님이 필요 없는 것입니다. 과학 기술은 하나님이 필요 없습니다. 하나님이 없이도 대단한 성과를 이루고 있습니다. "그들은 자기들이 찌른 사람을 쳐다볼 것이다."요한복음 19장 37절는 성구가 떠오릅니다. 하나님은 죽었습니다. 인간이 하나님을 죽였습니다. 니체는 하나님에 대해 별 생각 없는 지루한 기독교인들보다 훨씬 깊은 진리를 깨달았던 것입니다. 심지어 종교를 가진 사람들조차도 하나님을 중요하게 여기지 않습니다. 종교가 하나님보다 훨씬 중요한 위치를 차지해 버렸기 때문입니다. 종교적인 문제들에 대해선 열띤 토론을 할지는 모르지만 그럼에도 하나님은 여전히 죽은 채로 있습니다. 그리고 하나님이 죽은 게 그들에게는 더 잘 된 일입니다. 그래야 자기들 하고 싶은 대로 할 수 있기 때문입니다. 이것이 우리 시대의 또 다른 특징입니다. 사람들은 하고 싶은 대로 하고 그때마다 감정이 이끄는 대로 삽니다.

하지만 실제로 하나님은 결코 죽지 않았습니다. 그 분은 여전히 알파와 오메가이십니다. 하나님이 없다면 모든 것은 혼돈일 뿐입니다. 그저 사람들이 삶의 의미를 상실하는 영적인 단절 정도가 아니라 완전한 혼돈 그 자체인 것입니다. 원래 우리 인간은 이 땅 위에 하나님나라 건설이라는 목적을 위해 함께 동역해야 할 존재로 태어났습니다. 하지만 그걸 계속 거부해 왔습니다. 그 결과 이 세상은 광기로 가득 차게 된 것입니다. 그런데 영원히 지속되었을 그 혼돈 속으로 예수님이 오셨고 적은 무리가 그를 따랐습니다. 이 적은 무리들은 자신만의 구원과 이익을 위해 종교를 이용하는 그런 종교인들이 아닙니다. 예수님의 제자들은 목숨을 내놓는 사람입니다.마태복음 10장 38절 이들은 하나님에게서 태어나며, 하나님과 이 땅을 위해 싸웁니다. 교회는 그들에게 아무런 소용이 없습니다. 교회는 현재 조직을 유지하는 데만 관심이 있기 때문입니다.

"신은 죽었다"라고 니체는 말했습니다. 그의 지적은 옳습니다. 하지만 우리는 말합니다. "하나님은 살아계신다." 우리는 이 세상이건 저 세상이건 안락한 삶을 바라지 않습니다. 우리가 원하는 것은 오직 하나님이 살아계신다는 것을 아는 것뿐입니다. 나는 온 세상이 하나님이 살아계신다는 것을 알기까지 단 일 분도 행복할 수 없을 것입니다. 우리는 살아계신 하나님께 엎드려 지금까지 그분을 죽게 만든 죄를 통회해야 할 것입니다. 우리는 고난을 위해 태어났으며, 싸움을 위해 태어났습니다. 부분적으로만 하나님과 관계하며 편하고 안락한 삶을 살기 원하는 그리스도인들은 부끄러워해야 합니다. 우리는 죽기까지 싸워야 합니다. 그렇지 않으면 우리는 그리스도인이란 이름으로 불릴 자격이 없습니다. 하나님은 우리에게 "나의 일을 함께 하자!"고 부르시고 계십니다. 그 부르심에 응답하지 않는다면 그보다 어리석은 일은 없을 것입니다.

하나님이 아브라함에게 "와서 나와 함께 하자"라고 말씀하셨을 때 아브라함은 아무 것도 묻지 않았습니다. "알겠습니다. 그런데 이제 제게 무슨 일이 벌어지는 거죠?"라고 묻지 않았습니다. 이런 질문을 하는 자는 동역자가 될 수 없습니다. 오직 하나님의 일에 참여하길 원하는 사람, 모든 일에 오메가 되신 주님을 반석으로 삼는 사람만이 하나님의 살아계심을 경험합니다. 인간이 되어 우리에게 찾아오신 예수님의 영이 바로 반석입니다. 이 땅 위에 하나님나라가 오도록 우리는 끊임없이 예수님의 영을 구해야 합니다.

예언자는 바로 이런 사람입니다. 예언자는 어떤 기독교적 틀에도 적응하지 못합니다. 모든 예언자들은 편안하고 안락한 삶을 사는 그리스도인들을 비난하고 심지어 저주합니다. 편안한 삶은 이제 끝났습니다. 예언자들이 급진적인 방식을 취하는 이유는 하나님이 무엇을 원하시는지 너무도 잘 알기 때문입니다.

예수님은 이 땅위에 계십니다. 당신은 철저히 마음을 돌이켜야 합니다. 그렇지 않으면 이 일에 참여할 수 없습니다. 목숨을 부지하려고 애쓰는 종교적 감정은 천박합니다. 예언자들과 사도들이 한 말을 읽어보십시오. 그들이 조금이라도 목숨을 위해 위험을 피하려 한 적이 있던가요? 그들은 고난과 역경을 마다하지 않았으며 죽음도 불사했습니다. 그럴 수 있었던 것은 그들이 하나님의 일에 동참했기 때문입니다. 고린도후서 4장 7–12절

싸움 속으로 자진해 들어가려고 하는 사람이 너무 적다는 사실에 나는 마음이 무척 아픕니다. 사람들은 나를 찾아와서는 자

기들의 걱정거리들만 쏟아냅니다. 어떤 이는 두통을 위해 기도해 달라고 하고, 어떤 이는 영혼을 위해 기도해 달라고 하지만 모두들 고난 받는 것은 싫어합니다. 그들은 조금도 고통을 원하지 않습니다. 하지만 고난과 고통 속에서 죽음을 무릅쓰고 싸우지 않는다면 이 혼돈을 극복하지 못할 것입니다. 하나님의 자녀들에게는 오직 싸움만이 유일한 선택이며, 하나님께 무릎 꿇지 않는 모든 것에 대항해서 담대하게 하나님의 권리를 주장하는 것 외에는 딴 길이 없습니다._{고린도후서 10장 1-6절} 그리고 예수님의 길을 가로막았던 베드로조차도 예외가 아니듯이 하나님에게서 나오지 않은 모든 것은 사탄에게서 온 것입니다. 이제 우리가 해야 할 일은 성령 안에서 하나님의 일에 참여하는 것입니다. 만약 하나님나라를 위해 동역하는 사람들이 하나님 편에 없다면 수백만의 사람들이 죽음으로 내몰리는 끔찍한 상황에도 우리의 무력한 종교_{기독교}는 우리를 구원할 수 없을 것입니다. 이 땅에서 하나님의 사람들은 오로지 하나님나라를 위해 살고, 일하고, 싸우기 위해 존재하는 것입니다. "하나님나라가 오고 있다!" 예수 그리스도의 제자들의 삶도 그랬습니다. "하나님나라가 오고 있다"라는 외침이 바로 복음인 것입니다. 이 지구의 혼란이 끝나지 않는 한, 인류가 진보했다고 생각하는 것은 완전히 착각에 불과합니다. 우리 문명이란 그저 허위일 뿐입니다. 인류는 조금도 진보하지 못했습니다. 오직 하나님나라가 올 때 인류에게 진보가 있을 뿐입니다.

"나는 처음이요 마지막이다"라고 주님은 말씀하십니다. 이 말씀을 여러분은 믿습니까? 믿는 것과 삶 속에서 몸으로 살아내는 것은 다른 문제입니다. 우리 모두 진지한 마음으로 안락한 삶을 떨치고 일어섭시다. 목숨을 잃을 지라도 싸움 한복판으로 전진합시다! 예수님은 살아계십니다. 예수님은 승리자이십니다. 그분께서 우리에게 역할을 맡기셨습니다.

우리의 역할을 다하면서 명심할 것은, 최종적으로 중요한 것은 우리가 아니라 하나님이 행하신다는 사실입니다. "우리가 하나님을 의지하고 용감히 행하리니."시편 108편 13절, 개역개정판 이것은 무기에 의지하지 않은 채 전쟁터로 갔던 다윗이 한 말입니다. 슬프게도 우리는 믿는다고 하면서도 다윗처럼 행동하지 못합니다. 우리가 하나님의 역사라고 알고 있는 것은 고작해야 소위 '믿음'으로 교회건축을 한다는 등의 것들입니다. 열심히 기도한 뒤에 헌금이 들어오면 하나님이 행하셨다고 말합니다. 이런 식의 일들이 우리가 아는 전부입니다. 하지만 이런 것들은 하나님의 행위가 아니라 인간의 행위입니다. 이런 일들이 잘못됐다고 말하는 것은 아닙니다. 하지만 하나님이 직접 오셔서 개입하기 전까진 모두 임시방편에 불과합니다. 하나님이 그 나라를 통해 행하실 것을 소망하는 것, 그것이 믿음입니다. 하나님나라에서 우리는 구걸하는 사람beggar이 되어야 하며 하나님에게서 무언가를 받기까지 그 문 앞을 떠나지 말아야 합니다. 정말로 우리 시대는 하나님의 강력한 행위가 필요합니다.

이런 관점에서 보면 오늘날 현실적으로 희망이 보이지 않습니다. 사람들에게 하나님은 더 이상 살아있는 실재가 아닙니다. 나는 목사로서 사람들이 하나님을 실제로 경험하고 생생하게 알기를 바라며 애써왔지만 별 성과가 없었습니다. 나는 많은 사람들에게 영적으로 도전을 하고, 영감을 주고자 노력했습니다. 하지만 우리 시대는 여전히 무엇인가 부족해 보입니다. 인간의 상황은 아직도 암울하고 절망적입니다. 신앙인들은 자신들의 소금을 잃어버리고 말았습니다.

하나님의 가장 위대한 행위는 병자들에게 일어났던 기적들이 아닙니다. 그것들은 그리 중요하지 않습니다. 그보다 훨씬 더 중요한 것은 건강한 사람들에게 일어나는 일들이며, 사람들의 삶이 변하고 세상이 바뀌는 것입니다. 그럼 어떤 것들이 하나님에게서 온 행위란 말입니까? 예를 들면, 더 이상 전쟁에서 서로 총으로 죽이는 일이 없어지는 것이 하나님에게서 온 것입니다. 당신은 이런 일이 불가능하리라 생각합니까? 아마도 모두가 비웃을 것입니다. 하지만 과거 이스라엘에도 이런 적이 있지 않았습니까?[여호수아 5장 13절, 6장 27절] 이와 비슷한 일들이 우리 시대에 다른 어떤 것보다 필요합니다. 그래서 모든 것이 우리 인간의 손에서 하나님 손에 맡겨져야 합니다. 물론 하나님에게서 오는 일들은 가장 적합한 때에 하나님의 방식으로 일어날 것입니다. 그리고 우리는 우리 삶 속에서 하나님을 살아계신 실재로 경험하는 게 필요합니다.

우리에게 부족한 것이 바로 이것입니다. 하나님은 우리에게 현실적인 실재가 아닙니다. 우리 시대만큼 하나님이 현실에서 의미를 잃은 적이 없었습니다. 정말이지 기이한 현상입니다. 과거 어느 시대보다 종교는 왕성한데도, 우리 마음에서 하나님이 차지하는 부분은 점점 사라지고 있습니다. 하지만 그럼에도 우리에게는 가능성이 있습니다. 우리는 완전히 변화되어 참된 인간이 될 수 있다는 기쁨으로 가슴이 벅차오를 수 있습니다. 그렇게 되기 위해서 우리는 구걸하는 사람이 되어야 합니다. 이런 일은 외적인 노력으로 이룰 수 있는 것이 아니라, 하나님에게서 오는 무언가를 통해서 이루어집니다. 일단 이것을 경험하게 된다면 우리는 모든 것을 얻는 것입니다. 하지만 그렇지 않다면 하나님은 우리에게 여전히 죽어있는 것입니다.

그 때부터 예수님은 "회개하여라. 천국이 가까이 왔다"하고
선포하기 시작하셨다. 예수님은 온 갈릴리를 두루 다니시면서,
그들의 회당에서 가르치며, 천국의 복음을 선포하셨다.…
예수님은 무리를 보시고, 산에 올라가 앉으시니, 제자들이 그에게 나아왔다.
예수님은 입을 열어서 그들을 가르치셨다.
"마음이 가난한 사람은 복이 있다. 슬퍼하는 사람은 복이 있다."
마태복음 4장 17–5장 16절

6

하나님나라는 가까이 있습니다!
The Kingdom Is at Hand!

산상설교에서 예수님은 하나님의 영에 충만해서 천국에 대해
말합니다.

회개하라! 완전히 다른 사람이 되어라! 모든 것이 바뀌어야 한
다. 하나님나라가 가까이 왔다!

사람들 가운데 한바탕 소동이 일어납니다. 예수님은 이렇게
말하고 있기 때문입니다.

너희 모든 관심거리를 내려놓고, 지금까지 영향 받았던 모든 것들과 너희를 다스리던 모든 권력에서 떠나라. 새로운 나라가 세워졌다. 새 왕이 보좌에 앉으셨다. 그분이 너희 주가 되실 것이다. 옛 시대는 지나고 새 시대가 오고 있다.

놀라운 예수님의 말씀에 사람들은 한 목소리로 소리치지 않을 수 없었습니다. "도대체 이게 무슨 말인가?" 사람들은 오랫동안 기다려 오던 소식을 가져온 예수님을 믿고 의지했습니다. "바로 이 사람이다! 하나님이 예수님을 통해 새 왕국을 세우신다. 우리가 기다리던 바로 그 사람이다!" 요한복음 6장 14-15절

그리스도가 말한 것은 모두 인간들의 문제였음에도 지상의 권력자들은 결코 그의 말을 용납할 수 없었습니다. 그가 말한 것은 현실과 관계된 것이었지만 훨씬 그 이상이었습니다. 그의 가르침은 인간 본성을 부정하는 것은 아니었지만 성스러운 것을 일상 속으로 끌어들였으며, 천상의 것을 자연 세계로 가져왔습니다. 그것은 마치 이 땅이 천국이 된 것 같았습니다. 아무것도 없는 광야 한복판에서 빵을 먹었으며, 병으로 고통 받던 사람들이 건강해졌습니다. 심지어 죽은 자들이 다시 살아나고, 고통과 애통이 있던 곳에 이젠 기쁨이 넘쳤습니다.

이 모든 것들이 인간의 가장 일상적인 경험들 가운데서 일어났습니다. 왕을 몰아낸 것도 아니고 특정 정당을 설립한 것도 아니며 어떤 동상을 세우는 일도 없었습니다. 모두가 자기 집과 마

을에서 전과 동일하게 생활했습니다. 하지만 모두가, 특히 가난한 이들이 하늘로부터 온 어떤 것, 이 땅의 것이 아닌 완전히 다른 것을 경험하게 되었습니다. 하나님나라가 우리에게 가까이 올 때 우리는 완전히 새로운 것을 경험하게 됩니다. 각 개인들의 삶에 놀랍도록 생명력 있는 것들이 찾아옵니다. 하나님은 우리에게 생명을 주시려고 하시며, 선하고 자유롭고 참되고 영원한 것을 주시려고 합니다.

하나님나라는 어떻게 세상에 나타났습니까? 하나님의 통치는 말로만 드러나지 않으며, 다양한 종교적인 이해를 통해서 나타나지도 않습니다. 하나님나라는 행위와 진리로 드러나는 것입니다._{요한복음 3:21} 이것이 바로 하나님나라가 모습을 보이는 방식입니다. 사람들은 이제 다른 지배 아래 살아가기에 완전히 딴 사람이 됩니다. 이 지배는 인간의 정부가 아니라 하늘로부터 우리 마음에 임하는 권세입니다. 그리고 이 나라는 생명을 선포하기에 우리는 생명을 얻고, 의로 다스리기 때문에 우리는 의롭게 됩니다. 하나님이 보내신 예수 그리스도 안에서 이 땅 위의 삶은 근본적으로 새롭게 바뀌게 됩니다. 이런 변화는 우리 자신의 노력으로는 결코 이룰 수 없습니다. 그것은 하나님의 능력과 은혜로만 가능합니다. 하나님이 우리 가운데 역사하시며 생명의 기쁨과 능력으로 새로운 세계를 건설하십니다. "하나님나라가 가까이 왔습니다. 이제 일어나십시오. 다른 모든 지배에서 벗어나십시오. 하나님을 당신의 왕으로 섬기십시오."

오늘날도 이것이 적용될 수 있을까요? 슬프게도 이천 년이 지난 지금 세상은 여전히 잠들어 있습니다. 하나님의 다스림 대신 기독교란 종교가 굳게 세워졌습니다. 이천 년이란 세월이 흐르는 동안 사람들은 하나님이 계시고 주 예수 그리스도가 계시다는 것을 인정하게 되었습니다. 바로 오늘까지도 창조주를 인정하고 있습니다. 다 좋은 일입니다. 하지만 세상은 여전히 잠들어 있습니다. 이런 저런 아름다운 교회 지붕 아래로 하나님이 아닌 온갖 세력들이 기어들어왔습니다. 지금 우리는 수많은 권위에 굴복하고 있습니다. 어떤 이들은 이런 방식으로, 다른 이들은 저런 방식으로 끌려 다니며 우리 개개인의 상황에 따라서 "믿고" 있습니다. 또한 종교적인 제국들도 있습니다. 가톨릭, 개신교, 루터교, 감리교 등 여러 교단이 생겼습니다. 하지만 하나님의 다스림은 어디에 있습니까?

여기에 또한 악마의 왕국이 있습니다. 그것은 사망의 지배이며, 돈과 탐욕의 지배입니다. 그것은 또한 모든 빈곤과 가난에 속박되는 것입니다. 그렇습니다. 가난은 사람들을 탐욕과 질투와 두려움으로 내몰고 있습니다. 여기서 우리는 또다시 묻지 않을 수 없습니다. "하나님나라는 정말로 임박했습니까?" 오늘날 우리는 정말 이렇게 말할 수 있을까요? '여러분 졸지 말고 지켜보십시오! 하나님나라가 정말로 오고 있습니다.'라고 말입니다. 복음서에 선포되어 있고 하나님이 약속하셨는데 그 나라는 이천 년 동안 오지 않았습니다. 그리고 우리는 지금 하나님의 다스림에 비하면 하잘것없는 세력들에 다시 굴복하고 있습니다. 그럼에도 하나님나라는 올까요?

"그렇습니다! 하나님나라는 반드시 올 것입니다! 깨어 기다리십시오!" 내 말이 거슬리십니까? 내가 너무 어리석다고 생각됩니까? 아닙니다! 나는 분명히 그 날이 올 것을 확신합니다. 지금이 바로 이렇게 말해야 할 때입니다. "모두 깨어 기다리십시오! 새로운 나라가 곧 임할 것입니다." 하나님의 통치는 우리가 선하다고 여기는 권력들을 포함해서 모든 권력들을 무너뜨릴 것입니다. 하지만 두려워하지 마십시오. 하나님나라가 오고 있습니다. 바로 지금처럼 수많은 갈등과 분쟁과 절망이 가득한 중대한 시대에, 이기심과 지배욕과 성공과 경쟁이 지배하는 시대에 하나님나라가 가까이 오고 있는 것입니다. 오늘 하나님은 우리를 다스리길 원하시며 하나님의 통치는 이미 시작되었습니다. 예수 그리스도가 처음 오셔서 "오늘 하나님나라가 시작했다"라고 했을 때 사람들은 조롱하고 외면했습니다. 오늘날도 사람들의 반응은 별반 다르지 않을 것입니다. 반면에 그것을 믿는 사람도 많을 것입니다. 그렇습니다. 바로 지금이 또 한 번 중요한 때입니다! 우리는 하나님의 다스림을 위해 자신을 준비해야 합니다. 결코 후회하지 않을 것입니다.

우리는 오직 하나님의 정의를 실현하는 데만 마음을 써야 합니다. 꿀이 파리를 끌어들이듯 사람들을 교회로만 끌어들이는 교회봉사를 통해서가 아니라 우리 일상에서 말입니다. 일상생활 속에서 우리는 하나님의 계명과 진리와 의를 위해 열정적으로 일해야 합니다. 삶 속에서 의를 향한 우리의 목마름과 굶주림을 보여주어야 합니다. 삶 속에서 우리가 진정으로 하나님을 원하고 있는지 아닌지를 증명해보여야 합니다. 교회가 아니라 교회 밖에서, 밭에서, 직장에서, 일상생활 가운데서, 가정에서, 남편과 아내와 자녀로서 그것을 증명해 보여야 합니다. 우리 함께 하나님의 의를 구합시다. 그리고 하나님의 의를 추구하는 데 있어 어떤 것도 무시하거나 소홀히 여기지 않도록 주의합시다.

그러므로 "회개하라, 하나님나라가 가까이 왔다!" 이것을 늘 잊지 마십시오. 그렇습니다. 오늘 우리는 하나님께서 다스리려고 하는 기회를 놓치지 말아야 합니다. 하나님의 강한 손은 우리 삶 속으로 들어오실 수 있고 우리는 다른 사람이 되어 옛 자아를 벗어버리고 새로운 삶을 살 수 있습니다. 우리는 함께 다시 모여야 합니다.

누가 하나님의 다스림 안으로 들어 올 것입니까? 누구입니까? 하나님은 뛰어난 사람이나 카리스마로 다른 이들을 휘어잡는 영웅적 인물을 찾지 않으십니다. 예수님이 "심령이 가난한 자는 복되다"라고 말씀하셨을 때 지식인들은 몹시 당황스러웠을 것입니다. 예수님의 말씀은 교육받지 못한 자, 모든 것을 머리로 이해하려고 하지 않는 자, 똑똑하지 못해 다른 사람에게 무시당하는 자, 영적인 것을 이론적으로 설명하려고 하지 않는 이들이 복되다고 말씀하시는 것이기 때문입니다. 또한 예수님이 말하고자 하는 것은 괭이와 도끼를 다루는 재주로 하루하루 살아가는 육체노동자들, 그리고 쟁기질을 하며 열심히 일하는 것 말고 다른 것을 생각할 수 없는 농부들, 주문한 물건을 제시간에 마무리 하느라 책 읽을 시간도 없는 수공업 기술자들, 사람들이 무식쟁이들이라고 무시하는 모든 이들이 복되다고 말씀하시는 것입니다. 이들을 하나님께서 직접 가르치시기 때문입니다.

하나님나라는 이처럼 심령이 가난한 사람들의 것입니다. 왜냐하면 이들은 하나님의 마음을 이해할 수 있기 때문입니다. 또 이들은 가슴으로 살아가기 때문입니다. 다른 이들은 머리로 살아가기 때문에 하나님께 쓰일 수 없습니다. 이런 사람들은 어떤 일이 일어날 지에 너무나 관심을 갖기에 하나님이 행하실 자유를 남겨두지 않습니다. 그러므로 삶에서 일어나는 모든 일에 하나님을 아버지로 모시며 자신을 높은 곳에 두지 않는 어린아이 같은 이들이 복된 것입니다. 참된 지혜를 궁궐이나 강의실이 아니라 길거리에서 찾을 수 있게 하신 하나님을 찬양합시다.고린도전서 1장 18-25절 하나님은 겸손한 자와 보잘 것 없는 이들, 가난한 이들을 업신여기지 않으십니다. 하나님은 단순한 사람들에게서 거룩한 것을 보시며, 의를 향한 굶주림과 목마름을 보십니다. 하나님은 모든 사람의 고통을 보고 계십니다. 하나님은 상한 심령을 가진 이들을 지켜보고 계시며, 자신들의 약점 때문에 겸손해지고, 마음이 깨끗하며, 자비롭고, 마음이 황폐하지 않은 이들을 바라보고 계십니다. 하나님은 구원자의 뜻을 간절히 소망하는 이들을 지켜보시며, 땀을 흘리며 일하는 지친 일꾼들을 보고 계십니다. 하나님은 이런 모든 이들을 지켜보고 계시며 그들을 받아들이십니다. 이런 이들에게 하나님나라는 가까이 옵니다.

하나님나라가 소수 엘리트의 능력에 좌우되지 않는다는 사실이 얼마나 기쁜 일일까요? 하나님의 다스림은 가장 먼저 병든 자들과 가난한 자들과 버림받은 자들을 찾아갑니다. 하나님의 축복은 이미 가진 자들의 집을 치장하고 환경을 더 좋게 만드는 것과 전혀 상관이 없습니다. 그러기에 각 사람은 가난해져야 합니다. 먼저 당신은 '이런 저런 것들을 소유해야 합니다. 그렇지 않으면 당신은 쓸모가 없습니다.'라는 말에 귀기울여서는 안 됩니다.

하나님나라에서 유일하게 요구되는 것은 '철저한 방향전환' 입니다. 당신이 부자라면 어리석은 재산들을 내어 버리십시오! 그리고 자신에게 이렇게 말하십시오. "나는 더 이상 내 돈에 지배당하지 않을 거야. 나는 이제 더 가진 자들을 부러워하지 않을 거야. 나는 오직 하나님만을 섬기겠어." 당신이 가난하다면 가난함에서 철저히 돌아서십시오. "나는 이제 근심과 슬픔에 지배당하지 않을 거야. 어떤 고통이 찾아오더라도 하나님만 의지할 거야. 하나님은 나를 다시 도우실거야. 나는 하나님만 따르겠어." 그러므로 하나님나라에 대해 듣게 될 때 다른데 마음을 빼앗기지 마십시오. 이것이 유일하게 우리에게 요구되는 태도입니다.

하나님만 충실히 섬기십시오. 다른 것들이 우리에게 영향을 끼치려고 슬며시 들어오면 과감히 물리치십시오. 우리는 오직 하나님만을 원합니다. 하나님 외에 어떤 것도 우릴 지배해선 안 됩니다. 모든 것이 여기에 달려있습니다.

걱정거리에 자신을 내맡기지 마십시오. 당신이 세상이 얼마나 거짓된 것인지, 당신이 세상이 하는 일에 얼마나 공조했는지, 그리고 하나님께서 당신을 얼마나 바꾸시기 원했는지를 알 때, 당신의 죄성과 나쁜 기질, 그리고 당신의 환경은 바뀌게 될 것입니다. 그럴 때 당신은 이렇게 말할 수 있습니다. "다른 모든 것은 떠나가라. 오직 하나님의 성령만이 다스리신다." 모든 것이 여기에 달려있습니다.

의를 향한 배고픔과 목마름과 슬픔 속에서도 끝까지 그 분만을 섬기십시오. 오직 하늘에 계신 아버지만 한 마음으로 섬기십시오.^{마태복음 5장 38-48절} 당신을 핍박하고 욕하는 자에게 자비를 베푸십시오. 어떤 저주의 말도 당신을 해치지 못할 것입니다. 당신이 고통과 가난과 고난과 걱정 속에 있더라도 다른 어떤 것도 마음에 허락하지 마십시오. 그저 하나님의 다스림 속에 믿음을 가지고 머물고 다른 사람도 그렇게 하도록 도우십시오. 어려운 이웃에게 인정을 베풀고, 악한 자들에게 온유하십시오. 누군가 당신에게 싸움을 걸어오면 화해하십시오. 무엇보다 "회개하십시오! 그리고 하나님나라를 신뢰하십시오." 자신에게 진실하고 타인에게 진실하십시오. 그러면 세상을 이기게 될 것이며 하나님나라가 우리에게 임할 것입니다!

하나님나라는 무엇입니까? 바로, 위로와 고난입니다. 우리가 현재 아무리 끔찍한 어려움 가운데 있을지라도 하나님이 말씀으로 위로하시고 붙잡아줍니다. "하나님은 정말로 우리 아버지시고 우리를 돌보실 것이다!" 이것이 하나님의 나라입니다. 이것은 또한 엄청난 기적이기도 합니다. 하지만 이것은 단지 말로만 되는 일이 아닙니다. 말만 가지고는 누구도 위로할 수 없습니다. 하나님나라는 실제로 우리의 슬픔을 위로하러 옵니다. 하나님나라는 죄인들에게 와서 그들을 의롭게 합니다. 그리고 그 나라가 오면 이 세상은 하나님의 통치와 하나님 백성들의 섬김을 받게 됩니다. 하나님나라는 자비로운 자들에게 자비를 주러 오고, 평화를 만드는 자들에게 평화를 가져다줍니다. 하나님나라는 마음이 깨끗한 자들이 하나님을 볼 수 있게 합니다. 이것들도 하나님나라의 일부분일 뿐입니다. 우리는 이 모든 것이 이루어지길 믿음으로 기대해야 합니다.

모든 불행과 우리가 저지른 죄 안에서, 배고픔과 목마름 가운데서 우리는 오로지 하나님나라가 임하기만을 갈망합니다. 우리는 하나님나라가 임하는 것을 믿으며 꼭 하나님나라가 이루어지기를 원합니다.

"하늘에 계신 아버지, 우리는 아버지의 것입니다. 우리는 오직 아버지의 나라에만 속하길 원합니다. 하나님나라는 가난한 자들과 고통 받는 자들과 죄인들과 병든 자들과 억압받는 자들을 위한 것입니다. 우리가 믿고 끝까지 굳게 잡고 놓치지 않는다면 하나님나라는 그들을 위해 올 것입니다. 오늘 예수 그리스도의 이름을 믿는 모든 이들은 오늘 하나님나라를 볼 것입니다."

이 때, 하나님나라가 임하고 놀라운 일들이 일어날 것입니다. 그리고 모든 사람들이 분명히 알게 될 것이며, 마침내 온 세상이 밝히 보게 될 것입니다. 그 때 암흑의 세력과 죄와 사망, 모든 폭력과 거짓 세력에 대항해 하나님나라가 모습을 드러낼 것입니다. 이런 방식으로 하나님나라는 온 세상에 세워질 것입니다.

과거에 매달리는 자, 이 세상 지혜와 인간적 통찰에 의지하는 자들은 소용없습니다. 우리는 온전한 사람이 되어야 하며 이렇게 간청하길 멈추어선 안 됩니다. "하늘에 계신 아버지, 우리 자신을 아버지께 온전히 드립니다. 우리는 아버지의 백성이 되길 원합니다." 과연 누가 이 땅에 있는 끔찍한 필요를 해결하는 방법을 알 수 있단 말입니까? 우리가 사는 지역에 심각하게 고통 받는 이들이 많이 있다면 그저 부르짖고 한탄만 해야 한단 말입니까? 아닙니다, 우리는 이렇게 외쳐야 합니다.

"자, 우리는 서로 돕길 원합니다. 우리는 각 사람에게 다가가서 그들의 어려움을 도와주길 원합니다. 우리는 여러분과 함께 연합해서 하나님을 섬기는 한 백성이 되길 원합니다. 우리는 함께 손을 잡고 하나님나라가 우리 가운데 임하기를 간구하고 싶습니다. 하나님나라가 우리 가운데 더욱 굳게 세워져서 진리와 실천 가운데 이렇게 말할 수 있기를 원합니다. '여기에, 여기에 하나님께서 행하고 계십니다. 우리는 단순히 착한 사람들이 아닙니다. 우리 안에서 예수 그리스도가 일하시는 것입니다!'"

그러므로 우리는 소금이 되고 싶고 빛이 되고 싶습니다. 우리가 죄인이 아니라는 것이 아닙니다. 하지만 하나님이 우리를 부르셨고 우리는 그 부르심에 응답하기로 결심했습니다. 우리에게 영향력을 행사하던 다른 세력들이 우리 마음에서 완전히 제거되도록 하나님이 오셔서 도우셔야만 합니다. 그래서 우리가 평화를 가져오는 자들이 되고, 온유한 자들이 되어야 합니다. 하나님의 다스림에 복종하지 않는 것은 모두 던져버리고 고난 속에서 기뻐하는 자들이 되어야 합니다. 그러면 우리는 하나님의 능력과 위엄과 위로하시는 능력과 천국의 첫 열매를 경험하게 될 것입니다. 우리는 이런 선포를 들은 것을 기뻐하게 될 것입니다.

"회개하라. 천국이 가까이 왔다!"

예수님은 두 제자를 보내시며 이르시되
"너희 맞은편 마을로 가라.
곧 매인 나귀와 나귀 새끼가 함께 있는 것을 보리니, 풀어 내게로 끌고 오라.
만일 누가 무슨 말을 하거든 주가 쓰시겠다 하라.
그리하면 즉시 보내리라." 하시니 …
제자들이 가서 예수님의 명하신대로 하여

마태복음 21장 1-6절

7

예수님이 원하는 것은 종교가 아니라
여러분 자신입니다
Jesus Needs You, Not Your Religion

하늘만 하염없이 바라보며 온 세상을 놀라게 할 뭔가 엄청난 일이 하늘에서 내려오기만을 기대하는 것은 주님을 맞이하는 올바른 태도가 아닙니다. 주님이 오실 날을 진심으로 준비하는 유일한 길은 우리 삶에서 주님 편에 서서 주님을 위해 싸우는 것입니다. 바로 이곳, 이 땅위에서 전심으로 하나님의 진리와 의에 따라 살길 원하는 참 제자가 되겠다고 결단하는 것이 주의 날을 준비하는 것입니다. 주님을 기다린다고 신비한 영적체험을 쫓아다니거나 주의 재림에 대해서 파고들며 온갖 억측을 하는 일에 몰두해선 안 됩니다. 차라리 지금 이 땅에서 주님을 만나기 위해서는 어떻게 해야 하며, 각자 살아가는 자리에서 어떻게 하는 것이 주님을 섬기는 것인지 고민하는 편이 낫습니다.

앞의 성경 본문은 그것이 얼마나 간단한 일인지 잘 보여주고 있습니다. 예수님은 제자 두 명에게 나귀를 끌고 오라고 보내십니다. 그리고 두 제자는 분부대로 행합니다. 두 제자는 다른 생각을 하지 않고 시키는 대로 했기에 하나님나라에서 종이 될 수 있습니다. 나귀 주인이 "그것은 내 나귄데 당신들은 무엇을 하는 것이요?"라고 물었을 때 두 제자는 대답합니다. "우리를 그냥 두시오. 주께서 나귀가 필요하다고 하십니다." 그러자 나귀 주인은 예수님을 존경하기에 조금도 주저하지 않고 나귀를 내어줍니다. 이렇게 나귀 주인도 그 순간 요구되어지는 일을 했기에 하나님나라의 일꾼이 됩니다. 그것이 이 땅에서 구원자를 진정으로 돕는 것입니다.

이것을 우리 마음 깊이 새겨둘 필요가 있습니다. 따라서 다시 한 번 말하고 싶습니다. 감정적인 체험을 따라다니는 신앙생활을 멀리해야 합니다. 주님이 오실 때 땅에 발을 굳게 딛고 있어야지 공중에 둥둥 떠 있어선 안 됩니다. 하지만 안타깝게도, 적잖은 사람들이 더 영적이 되어 세상일에 초월할수록 바람직하다고 생각합니다. 그러나 정반대여야 합니다. 하나님이 이끄신 곳이라면 아무리 악한 사람들이 있는 곳에서도 더욱 진리를 구하고 힘껏 그 진리를 행동으로 옮기는 것이 주님을 기쁘시게 하는 것입니다. 주님은 어떤 개념으로 오시는 것이 아니라, 사람들이 몸부림치며 살아가는 실제 삶 한 가운데로 직접 찾아오십니다.마태복음 18장 20절 우리가 주님을 위해 길을 닦아야 하는 곳도 바로 이 삶의 자리인 것입니다. 그리고 주님의 뜻에 따라 그분의 성품을 따라 그렇게 해야 합니다. 그분의 성품은 단순하고 진실하고 참되십니다.

예수님의 오실 날을 기다리는 사람은 누구나 옳고 그름을 명확하게 분별할 수 있게 됩니다.로마서 2장 12-16절 만약 자신에게 주님이 기뻐하지 않는 습관이 있다는 것을 발견했을 때, 그 나쁜 습관을 그만두고 딴 사람이 된다면, 그것은 오실 그분을 위해 길을 예비하는 것입니다. 이처럼 실제적인 방법으로 주님을 기다리는 일에 마음을 쓴다면, 하나님은 틀림없이 우리의 모든 발걸음을 인도하실 것입니다. 정말이지 주님을 진심으로 따르는 자들에겐 실제적인 일들이 너무 많이 맡겨져서 -내가 이렇게 말하는 것을 용납하길 바랍니다.- 오랫동안 기도한다거나 교회에 앉아 있을 시간조차 없을지도 모릅니다.야고보서 1장 27절

예수님을 따르고자 하는 자들이 할 일은 주님의 성품을 행동으로 옮기는 일입니다. 하지만 사람들은 거의 이런 사실을 이해하지 못한 채, 예수님을 단지 새로운 종교의 창시자 정도로 간주하고 있습니다. 그러나 그것은 결코 이 세상을 향한 하나님의 말씀이 아닙니다. 하나님의 의도는 새로운 종교를 주셔서 우리 인

간들이 좀 더 고상하게 살라는 것이 결코 아닙니다. 그럴 것 같으면 모세나 그의 율법으로도 충분했을 것입니다.

예수님은 단순한 명령으로 제자들에게 말씀하십니다.

"나를 가지고 종교를 만들지 말라! 내가 하나님에게서 너희에게 가져온 것은 종교가 아니다. 모든 종교는 생명력이 없기 때문이다. 종교는 앞으로 나아가려 하지 않고 변화를 싫어한다. 종교는 성전을 짓고 박물관을 세우고 성직자들을 만들지만, 이것들로 인해 세상에 걸림돌만 된다."

솔직히 말해서, 우리의 종교들은 세상 뿐만 아니라 인류역사에도 장애물입니다. 종교만큼 하나님나라의 발전에 위험스러운 것은 없습니다. 왜냐하면 종교는 우리를 이교도heathens로 만들기 때문입니다. 그런데 기독교가 바로 이런 꼴이 되어 버리지 않았습니까? 이런 종교화된 기독교가 그리스도를 죽일 수 있다는 것을 여러분은 모르십니까? 도대체 무엇이 더 중요하단 말입니까? 기독교입니까? 그리스도입니까? 한 발 더 나아가, 우리는 성경으로 그리스도를 죽일 수도 있습니다! 무엇이 더 위대합니까? 성경입니까, 그리스도입니까? 그렇습니다. 우리는 심지어 우리 기도로 그리스도를 죽일 수도 있습니다. 우리가 자기애self-love와 자기만족으로 가득 찬 기도를 가지고 하나님께 나오거나, 기도하는 목적이 그저 이 세상에서 더 잘 살기위한 것이라면, 우리의 기도는 허공을 치는 것이 될 것입니다.

주님은 결코 종교 속에서 굳어져 생명력 없는 분으로 남지 않으실 것입니다. 이 때문에 주님은 지혜로운 다섯 처녀와 어리석은 다섯 처녀의 비유를 말씀하신 것입니다.마태복음 25장1-13절 이 비유에서 주님은 이렇게 말씀하시고 계십니다.

"나를 가지고 종교나 편안한 안식처, 황홀한 천국을 만들려는 자들이 있다. 하지만 생명을 가진 그리스도인은 늘 새로운 변화에 마음을 열고 온 세계가 회복할 때까지 언제나 새로운 것을 추구하는 자들이다."

스스로 질문해보십시오. 당신은 어느 쪽입니까?

사랑하는 여러분, 우리는 자신을 전적으로 포기하는 일이 얼마나 중요한지 깨달아야 합니다. 주변에 많은 기독교인들이 있지만 마음을 주님에게 복종하는 자는 많지 않습니다. 종교적인 사람들은 수없이 많이 있지만 아무런 변화 없이 예전처럼 그대로 살아갑니다. 사람들은 무엇이 예수님을 섬기는 것이고, 어떻게 하는 것이 하나님께 나아가는 길인지 도무지 이해하지 못하고 있습니다. 사람들은 교회생활과 설교와 예배로 예수님을 섬기고 있고 하나님께 나아간다고 생각하지만 그것은 착각입니다. 그러나 이런 종교적 습관이 너무 깊이 우리 가운데 뿌리내리고 있어서 생각을 돌이켜 무엇이 정말 하나님의 나라를 준비하는 것인지 다시급 발견하기가 결코 쉽지 않습니다.

예수님이 말씀하실 때 관심은 늘 사회문제, 인류를 위한 문제였습니다. 예수님이 하신 일은 하나님의 뜻을 이 땅에 실현하는 것이었습니다. 하나님의 뜻은 지금과 같이 가정은 산산조각이 나고, 아버지는 자녀를 팽개치고, 우정은 파괴된 세상, 다시 말해 모든 사람이 마음의 고통 속에서 사는 이 사회와는 전혀 다른 새로운 사회를 건설하는 것이었습니다. 이러한 사악한 사회질서를 바라보시며 예수님은 전혀 새로운 사회를 세우시고자 하십니다. 예수님은 우리에게 말씀하십니다. "너는 하나님의 것이지, 인간이 만든 사회에 속한 자가 아니다."

최근에 나는 러시아 성직자가 쓴 책을 읽었습니다. 그 책에서 그는 우리에게 필요한 것은 교회도 성당도 아니며, 헛간으로도 충분하다고 말합니다. 하지만 이 말도 핵심을 비껴가고 있습니다. 예수님은 새로운 종교의 창시자가 아닙니다. 예수님은 우리의 삶을 새롭게 합니다. 우리는 인류에게 주어진 하나님의 말씀을 사랑해야 합니다. 그리고 하나님의 말씀을 사랑하려면 먼저 하나님의 말씀이 성경책보다 위대하다는 것을 이해해야 합니다. 하나님의 말씀은 사슬로 묶을 수도 없고 문자로 가둘 수도 없습니다. 하나님의 말씀이 일단 굳어지면 가장 위대한 기독교인도 동료를 자신과 갈라놓고 증오하고 심지어 죽이면서도 자신을 합리화 할 수 있는 것입니다. 그럴 수 없습니다! 하나님의 말씀은 인간을 하나로 만들며, 또한 자유를 줍니다.

자유롭게 된 자로서 당신은 오로지 하나님께만 충성해야 하며, 당신의 임무는 하나님께서 이 비참하고 저주받고 길을 잃은 사회로 들어오시도록 일하는 것입니다. 이제 이 하나님의 말씀을 우리의 기독교와 비교해 봅시다. 오늘날 기독교인들 중에는 주님이 다시 오실 때 자기들은 주님과 함께 천국으로 날아가면서 버림받아 남아 있는 자들을 보며 즐거워할 것이라고 믿는 사람들이 많습니다. 자칭 신앙이 좋다고 여기는 이들이 자기를 다른 사람보다 낫게 여기며 자기는 하나님의 심판에서 제외될 것이라고 생각하는 걸 보면 나는 도무지 이해가 되지 않습니다. 이처럼 나와 다른 사람을 분리시키는 종교는 가짜입니다. 나는 그런 종교와는 결코 관련되고 싶지 않습니다! 예수님은 아무리 추한 인간 상황도 마다하지 않고 뛰어드셨습니다. 예수님은 모든 인간과 하나가 되어 어울리셨습니다. 예수님은 결코 자신을 우리 인간과 구별하지 않으셨습니다. 나도 지옥에서 가장 천한 이들과 함께 할지언정 그들과 나를 따로 떼어놓고 싶지 않습니다. 마지막에 누가 의롭다고 여김을 받을 건지, 정말 우리의 의가 예수님보다 더 대단한 건지 알고 싶습니다.

오늘날 사람들은 하나님의 나라를 아주 초자연적인 어떤 것, 인간 삶의 상황과는 아무런 관련이 없는 것이라고 생각하는 것 같습니다. 이들은 언젠가 하늘에서 뭔가가 내려와서 마치 마술처럼 모든 것을 단숨에 바꿔 버릴 거라고 기대합니다. 그러면서 당분간은 종교적인 의무를 다 하기만 하면 살아가던 대로 살아가도 괜찮다고 여기고 있습니다. 이젠 이런 분위기가 너무 팽배해져서 종교 생활을 열심히 하는 사람도 정말 악하고 불의한 상황 속에서 아무렇지도 않게 살아가는 것을 쉽게 볼 수 있습니다. 이들은 그 상황을 변화시키기 위해 손가락 하나도 까딱하지 않습니다. 하지만 이들의 신앙은 언젠가는 가짜라는 것이 밝혀질 것입니다. 이런 자들에게 주님은 도적같이, 그리고 심판자로서 찾아오실 것입니다.데살로니가전서 5장 1-2절

그러므로 우리 마음에 예수님이 계시기 때문에 우리 자신 속에서 잘못된 것을 바로 잡고 오로지 선을 위해서 일한다면 주님을 위해 바르게 길을 준비하는 것입니다. 비록, 우리가 할 수 있는 일에 한계가 있고 결국에는 주님만이 하실 수 있겠지만 이렇게 함으로써 우리는 어떤 사람들처럼 이기적이고 자기중심적으로 그저 자기 구원만을 바라는 자들이 아니라, 비록 작은 일일지라도 하나님을 위해 길을 만들고 싶은 열정에 사로잡힌 자라는 것을 드러내는 것입니다.

그렇습니다, 하나님나라에서 오는 '모든 것'한 부분이 아니라, 모든 것은 먼저 이 땅에서 준비되어야만 합니다. 우리는 먼저 우리가 사는 곳에서 그리고 우리가 일하는 곳에서 각자에게 주어진 일을 주님을 위해 힘써 행해야만 합니다. 그렇게 되면, 주님이 당장 내일 오시든 천 년 뒤에 오시든 신경 쓸 필요가 없을 것입니다. 우리는 이미 다시 오실 주님을 준비하며 살고 있는 것입니다. 이러한 태도를 가질 때 우리는 하나님에게서 오는 것들을 경험할 수

있게 되기 때문에, 하나님의 나라가 우리의 살아가는 이유가 되며 우리 삶 속에서 점점 분명하고도 확실하게 드러나게 되는 것입니다.

그러기에 우리 모두 이런 질문을 던져야 합니다. "주님을 사랑한다면 나는 어떤 방식으로 주님에게 순종하는 모습을 보여 드릴 수 있을까요? 그렇습니다. '바로 오늘' 나는 어떤 식으로 주님에게 순종하는 모습을 보여 드릴 수 있을까요?"

이 땅에서 누군가 하나님을 위해 어떤 일이든 할 때, 하늘에서는 언제나 커다란 기쁨이 넘칩니다. 비록 아주 작은 일일지라도, 이러한 행위는 가슴을 울리는 말씀에 그가 기꺼이 순종하고자 한다는 것을 보여줍니다. 하늘은 이런 제자를 너무나 고대하고 있습니다. 이미 이 세상엔 예배에 참석하고 기도하는 사람은 충분히 있습니다. 무엇이 옳고 그른지에 대해 자기주장을 논하는 사람도 있을 만큼 있습니다. 그러나 행동하는 사람은 너무 부족합니다! 우리에게 부족한 것은 지식이나 교리, 설교가 아니라는 사실을 이해하는 사람조차 많지 않습니다. 지금 필요한 것은 올바른 삶입니다. 그리고 이것은 오직 하나님을 위해 좀 더 바르고 참된 태도를 취할 때만 가능합니다.

이것이 우리가 가져야할 태도입니다. 단지 어떤 영적인 즐거움을 맛보기 위해서가 아니라, 그리스도를 위해 뭔가 참되고 옳은 것을 하고자 하는 열정이 우리 안에서 불타올라야 합니다. 이것이 바로 하나님의 나라를 맞아들이는 길입니다. 내가 당신에게 이것을 분명하게 이해하게 할 수만 있다면 얼마나 좋을까요? 예수님의 제자가 되는 길은 이처럼 쉽지 않습니다. 그래서 예수님도 많은 제자를 두지 못하셨습니다.마태복음 7장 21-27절 누구든지 예수님이 진리 안에서 명하신 것을 따르지 않는 자는 하나님의 나라를 발견할 수 없을 것입니다. 여러분이 순종하지 않는다면 하나님나라에 들어갈 수 없는 것입니다! 하나님나라에 가장 큰 위협은 순종하길 원하는 사람이 너무 없다는 사실입니다. 그 대신에 사람들은 자신만의 특별한 영성을 개발하느라 분주합니다. 오늘날 수없이 많은 종류의 영성훈련 방식들과 가지각색의 신앙 형태가 있습니다. 하지만 하나님의 단순한 명령이 주어졌을 때 자기를 포기하고 순종하고자 하는 자는 어디 있습니까? 하나님과 예수님을 위해 시궁창도 마다하지 않고 자신을 던질 사람은 어디에 있습니까? 그런 사람은 이렇게 마음속 깊이 다짐할 것입니다.

"예수님이 길입니다. 사나 죽으나 나는 그를 따를 것입니다. 비록 내 생각과 감정과 다를지라도 예수님은 승리자이십니다. 나는 그분과 함께 할 것입니다."

여러분이 주님에게 순종하지 않는다면 아무리 하나님의 나라를 소망하고 있다 하더라도 예수님은 정복자처럼 오셔서 당신을 가차 없이 심판하실 것입니다.요한계시록 3장 1-3절 하지만 당신이 아무리 약한 사람일지라도, "주님을 따르겠습니다, 따르겠습니다.

정말로 따르겠습니다! 나는 진리를 보기만 하면 주저하지 않고 그것을 향해 달려가겠습니다. 나는 하나님을 위해 예수님을 섬기겠습니다."라고 말한다면 그 연약함은 그리 문제가 되지 않습니다. 이런 식으로만 우리는 예수님이 신뢰할 수 있는 제자들이 될 수 있습니다. 예수님은 소위 세상을 이끄는 강하고, 자신감 넘치고, 대범하고, 잘 교육받은 사람을 원하시지 않습니다. 예수님은 부서지고, 예수님의 명령에 불순종하지나 않을까 두려워하는 사람을 원하십니다. 예수님은 바로 이런 사람들을 필요로 하십니다, 왜냐하면 이런 사람들이 바로 종^{servant}이 될 수 있는 사람들이기 때문입니다. 그와 달리, 꾸며진 경건성 안에서 안심하는 자들은 결코 종으로는 쓸모가 없습니다. 하지만 두려운 마음으로 떠는 자들, 진리의 말씀에 부서지고 충격 받은 사람들, 그럼에도 기쁘게 "예"라고 대답하며 행동하는 사람들, 이들이야말로 주님의 사람들인 것입니다.

그러므로 단순하고 실제적인 방식으로 우리 자신을 내려놓고 열정적으로 그 길을 가는 법을 배워야 합니다. "내 자신을 내려놓겠습니다. 하나님의 뜻이 이 땅에 이뤄지는 것만이 나의 최고의 소망입니다."우리는 이 땅에서 하나님을 영광스럽게 할 무언가가 가시적으로 일어나는 것을 보면서 살기를 소망합니다.

하나님께서 이것을 우리에게 깨닫게 하시고 확신을 주시길 기도합니다. 이것은 어린아이가 이해할 수 있을 만큼 쉽고, 단순하고 분명합니다. 모든 사람이 자기 자리에서 순종하길 바랍니다.

들으십시오! 자녀들이여, 어떤 옳은 것을 듣게 되거든 온 힘을 다해 그것을 행하십시오. 젊은이 여러분이여, 어떤 옳은 일을 알게 되거든 즉시 행하십시오! 어른들이여, 어떤 옳은 일을 보거든 당장 행하십시오! 그리고 당신이 아프든 건강하든, 지위가 낮든 높든, 가난하든 부자든, 옳은 일을 알게 되거든, 즉시 행하십시오! 옳은 일을 행하는 것에 대해 너무 오래 생각하지 마십시오. 그것이 옳은 일인지 아닌지, 그것만 생각하십시오. 그것이 옳다면, 가서 행하십시오. 그러면 당신은 그리스도를 발견하게 될 것입니다.

그러면 우리가 무엇이라고 말을 해야 하겠습니까?
은혜를 더하게 하려고, 여전히 죄 가운데 머물러 있어야 하겠습니까?
그럴 수 없습니다.
우리는 죄에는 죽은 사람인데, 어떻게 죄 가운데서 그대로 살 수 있겠습니까?
… 그리스도께서 죽으신 죽음은 죄에 대해서 단번에 죽으신 것이요,
그분이 사시는 삶은 하나님을 위하여 사시는 것입니다.
이와 같이 여러분도, 죄에 대해서는 죽은 사람이요,
하나님을 위해서는 그리스도 예수님 안에서
살고 있는 사람이라는 것을 알아야 합니다.

로마서 6:1-11

8
새로운 생명
The New Life

사도 바울은 새로운 생명의 모습에 대해서 쓰고 있습니다. 이 개념은 오늘날 우리에게 생소하게 느껴집니다. 우리가 죽음에 대해 무엇을 알고 있습니까? 우리는 항상 우리의 목숨을 유지하려고 노력하고 있습니다. 우리는 세속적인 것에 마음을 졸이며, 온갖 욕망을 좇아 살고 있습니다. 이러한 삶은 마치 벌레 먹은 사과처럼 속이 곪아 있습니다. 하지만 우리 기독교인들은 계속해서 이렇게 살 수 없습니다. 우리는 생명 안에서 왕처럼 다스려야 하며 죽음이 더 이상 지배권을 갖고 있게 해서는 안 됩니다. 주 예

수님은 이것을 가능하게 하십니다. 예수님은 우리 안에 새로운 생명을 주셨습니다.

다른 곳에서 바울이 언급했듯이 이전에는 아담의 범죄로 인해 모든 인류에게 사망이 왕으로 군림했습니다. 모든 인류가 아무런 도움을 받지 못하고 죽었습니다. 하나님의 은혜로 보호와 피난처를 경험한 소수의 사람들이 있었지만, 사실상 모든 인간이 사망의 법아래 지배를 받아왔습니다. 사망은 이 땅 위에 유일한 권력이며 제왕이었습니다. 하지만 이제 그리스도로 인해 새 생명이 생겨났습니다. 이제 생명이 다스리고, 의의 말씀으로 모든 사람들이 저주에서 풀려나 생명으로 들어갈 것입니다. 우리의 모든 존재는 그 생명 속에 푹 잠겨 자신의 삶을 다스릴 것입니다.로마서 8장 1–2절

언뜻 보면 예수님은 모든 것을 해결해 놓은 것처럼 보입니다. 모든 사람에게 은혜가 주어졌고 하나님의 은혜 아래 살 수 있습니다. 이제 그리스도가 우리를 위해 모두 해결하셨고 만사가 형통이니 계속 죄를 지을 것입니까? 편안히 앉아 쉬며 이렇게 생각할 것입니까? "하나님께 감사하고 찬양하자. 그리스도가 나를 구원해 주셨으니 얼마나 사랑이 많으신가? 나는 구원받았어! 물론 나는 여전히 끔찍한 죄인이지만 그리스도가 은혜로 구원해 주신다네!" 이렇게 사람들은 그리스도의 의는 우리를 올바르게 변화시킨다는 사실을 무시한 채 빈둥거리며 다른 사람들처럼 아무렇게나 살아갑니다. 우리는 이제 새 생명의 맛보기만 경험한 채 예

수님이 우리를 위해 모든 것을 해결해 놓으셨으니 모든 일이 괜찮다고 안심하지 말고 온전히 새로운 생명으로 들어가야 합니다. 그렇습니다. 우리는 온전하고 새롭게 되어야 하며 생명의 토양에 뿌리를 내려야만 합니다. 우리가 그리스도를 제대로 이해한다면 이 길 외에는 다른 길이 없습니다. 이것이 세례침례에 담겨있는 의미입니다. 세례침례는 단적으로 말해서 우리가 그리스도의 죽음에 참여해서 그와 함께 다시 살고 새 생명으로 들어가는 사건을 의미합니다. 세례침례는 우리가 죄에 대해 죽고 그리스도와 함께 육이 무덤에 묻혀 그리스도의 부활에 참여하는 것입니다. 예수님이 아버지의 영광으로 죽은 자 가운데서 살아나셨듯이 우리도 새 생명으로 태어나는 것입니다.

그러므로 세례침례를 통해 우리는 예수 그리스도의 죽음과 이 기적인 자기 본성의 죽음을 경험합니다. 이 사실이 우리를 사로잡아 우리 온 존재가 "예"로 응답해야 합니다. 이제 우리는 죄에 대해 걱정할 필요가 없습니다. 이제 다른 것을 위해 전념할 수 있게 된 것입니다.

"누구든지 그리스도 안에 있으면, 그는 새로운 피조물입니다. 옛 것은 지나갔습니다. 보십시오, 새 것이 되었습니다."고린도후서 5장 17절

우리는 열정과 기쁨과 감사로 벅차올라 아무리 힘겨운 상황도 기쁨으로 견디며 죽음에서 벗어날 수 있어야 합니다. 그러면 부활의 능력이 우리에게 더 가까워질 것이며, 그리스도가 실제로

우리에게 부활하신 분이 되어 새 생명을 주실 것입니다. 그 생명은 지금까지 우리가 추구하던 생명과는 다릅니다. 도둑질을 덜하고, 전보다 더 점잖게 차려입고 고상하게 걸어 다니는 게 새로운 생명이라고 착각하며 다른 사람보다 조금 더 나아지려고 노력하던 것과는 전혀 다른 것입니다. 이런 게 새로운 생명이라고 생각합니까? 말도 안 됩니다. 새로운 생명은 당신이 전보다 더 나은 사람이 되는 문제가 아닙니다. 새로운 생명은 생명을 향한 능력이 이제 당신 안에서 꿈틀거리고, 어떤 신적인 것, 거룩한 것이 당신 안에서 자라난다는 것을 의미합니다. 새 생명은 이제 죄의 욕망이 더 이상 우릴 다스리지 못한다는 것을 실제로 경험하는 것이며, 그리스도의 부활과 생명이 이제 성령을 통해 우리를 다스리고 우리를 온전함으로 인도하는 것을 의미합니다.

그러나 얼마나 많은 그리스도인이 이런 생명에서 한참 멀리 떨어져 있습니까! 이 생명이 우리에게서 너무나 멀리 있다는 사실에 가슴이 아플 뿐입니다. 우리의 현재 모습이 적나라하게 드러나서 우리 안에 아직도 옛 자아가 가득한지 볼 수 있으면 얼마나 좋을까요. 그렇게 되면 새로운 생명을 전심으로 원하게 될 것입니다. 누구나 다 구원받고 싶어 합니다. 하지만 새로운 생명을 진심으로 갈망하는 사람은 어디 있습니까? 우리 누구도 자기 껍질을 조금도 포기하려고 하지 않습니다. 모든 사람은 어느 정도의 껍질 속에 둘러싸여 있으며, 그 속에서 벗어나려고 하지 않은 채 그대로 천국에 갈 수 있다고 생각합니다. 대부분의 사람들에게는 자기 자신을 포기한다는 것은 생각만 해도 끔찍한 일입니다. 그들은 자신의 해묵은 껍질 속에서 너무 편안한 나머지 어떤 일이 있어도 그걸 포기하려 하지 않습니다. 얼마 전에 나는 기독교계에서 꽤 유명한 목사를 만났습니다. 그는 멋있게 차려입고 화려한 집에서 살고 있었습니다. 하지만 나는 그가 매우 편안한 생활을 하고 있는 것을 보고 말했습니다. "잘 들으시오. 당신 영혼은 이런 안락함 속에서 썩어가고 있소!" 그래도 사람들은 소파에 드러 눕는 것을 좋아합니다. 그것도 아주 편안한 소파에. 그것이 어떻게 죽음으로 이끄는지 전혀 알아채지 못한 채로 말입니다.^마 ^{태복음 19장 16-23절} 그렇습니다. 오늘날 기독교인들은 신앙 속에서 그리스도가 가져다 줄 수 있는 최고의 것을 소유하고 있다고 착각하며 종교적인 지식과 행위 속에서 이런 안락한 생활을 즐기고 있습니다.

여러분, 우리가 각기 좁은 구멍에 기어들어가서는 주님이 끌어내려 해도 나오지 않으려고 고집을 부리고 있지는 않은지 자문해보십시오! 하나님이 두드리시며 아무리 선포하셔도 우리는 그 속에서 드러누워 나오려 하지 않고 있습니다. 이것이 교회가 새로운 생명에 이르지 못하는 일반적인 이유입니다. 많은 사람들은 이 새로운 생명을 그저 과거보다 좀 더 나아지거나, 좀 더 착해지는 것이라고 생각합니다. 하지만 그것은 그리스도가 전한 것이 아닙니다. 그리스도께서 허락하시는 생명이란 하나님의 역사하심이 드러나고, 그리스도의 살아계심이 나타나는 삶입니다. 이러한 삶에서는 영적인 것이 더는 공허한 말이 아니라 현실이 됩니다. 그리스도인들은 얼마나 어리석은가요! 대부분의 그리스도인들이 하는 말들은 한마디도 들을 가치가 없습니다. 그들 삶에서 보여줄 것이 별로 없기 때문입니다.

이제 완전히 새롭게 시작해야만 합니다. 계속해서 같은 말을 반복하는 것 같지만, 우리는 거듭해서 철저히 새롭게 시작해야만 합니다. 우리가 그리스도를 모실 수 있는 새로운 토대를 놓을 때까지 새롭게 시작해야 합니다. 우리가 그리스도와 함께 그의 죽음에 연합하는 지점까지 이르게 되면 반드시 부활에 있어서도 그와 함께 연합하게 될 것입니다. 그 다음에는 완전히 새로운 생명으로 들어가게 될 것입니다. 우리가 부활을 경험하다니, 이 얼마나 엄청난 일입니까?

사도 바울은 새로운 생명이 무엇을 의미하는지 잘 알고 있었기에 모든 편지에서 더 이상 죄의 본성과 세상적인 것을 섬겨서는 안 된다고 간절하게 호소하고 있는 것입니다. 이기적인 모든 것을 버려야 합니다. 그래서 바울은 이렇게 말합니다.

"그뿐만 아니라, 내 주 예수 그리스도를 아는 지식이 가장 고귀하므로, 나는 그 밖의 모든 것을 해로 여깁니다. 나는 그리스도 때문에 모든 것을 잃었고, 그 모든 것을 오물로 여깁니다. 나는 그리스도를 얻고."빌립보서 3장 8절 바울은 하나님께로부터 온 무언가를 경험했고 들었으며 만져보고 소유했습니다. 그에게 하나님은 더 이상 이론이나 개념이 아니었습니다.

> "이 글은 생명의 말씀에 관한 것입니다. 이 생명의 말씀은 태초부터 계신 것이요, 우리가 들은 것이요, 우리가 눈으로 본 것이요, 우리가 지켜본 것이요, 우리가 손으로 만져본 것입니다...
> . 우리가 그리스도에게서 들어서 여러분에게 전하는 소식은 이것이니, 곧 하나님은 빛이시요, 하나님 안에는 어둠이 전혀 없다는 것입니다."요한1서1장1-5절

우리는 어둠과 조금도 관계하고 싶지 않습니다. 어둠아, 모두 물러가라!

그 후에 우리는 새로운 세상을 맞이할 것입니다. 우리 안에 새로운 무언가가 시작되며, 죄 짓는 삶을 그칠 것입니다. 그렇다고 이것이 쉽게 단번에 가능한 것은 아닙니다. 왜냐하면 우리가 죄의 본성을 현관으로 내쫓으면 바로 이어 뒷문으로 다시 찾아올 것이기 때문입니다. 불행한 일이지만 아무리 내쫓아도 우리는 죄성을 없앨 수 없습니다. 우리가 할 수 있는 것은 그저 탄식하는 것입니다. 우리는 열심히 탄식해야만 합니다. 하지만 우리의 이런 저런 본성을 버리지 않아도 주님이 오실 때 봐주실 것이라고 조금이라도 생각한다면 큰 오산입니다. 아닙니다. 우리는 탄식하

되 신적인 것에 당장이라도 참여하지 않으면 안 될 것처럼, 그리고 그리스도의 부활을 반드시 경험해야만 한다는 생각으로 탄식해야만 합니다. 우리는 마치 사람들이 일에서 성공하려고 열심히 노력하듯이 이 일에 매달려야 합니다. 사람은 누구나 성공을 위해 밤낮 가리지 않고 열정적으로 일합니다. 그처럼 우리도 하나님나라를 위해 열심을 내야 합니다. 우리는 뼈 속까지 하나님나라를 위한 투사, 새로운 세상을 위한 투사가 되어야 합니다. 그렇지 않으면 결국 하나님께 아무것도 얻지 못할 것입니다.

나는 사람들을 보며 근심을 떨칠 수 없습니다. 수없이 설교해 왔지만 받는 느낌은 언제나 똑같았습니다. 몇몇 소수에게서만 조그만 변화가 보일 뿐, 대부분은 금세 언제 그랬냐는 듯 원래대로 돌아가는 것을 보면 놀라울 따름입니다. 그것은 마치 고무줄을 길게 당겼다가 손을 놓는 즉시 원래대로 돌아가는 것과 똑같습니다. 옛 자아는 여전히 거기 있습니다. 예전이나 지금이나 아무런 변화가 없습니다. 우리는 정말 구원받기를 바라는 걸까요? 상황이 정말 심각해지고 모든 것이 위태로울 때 과연 우리에겐 그리스도를 따르고 싶은 마음이 남아있을까요? 그리스도보다 우리 자신의 생명을 더 사랑하는 것은 아닐까요? 여러분은 주 예수님이 당신을 버리시지 않을까 염려할 필요가 없습니다. 도리어 당신이 예수님을 저버리지 않을까 걱정하십시오. 불시에 주님이 오실 때 롯의 부인처럼 주님보다 재산을 더 중하게 생각하지 않을지를 염려하십시오. 주님이 오실 때 많은 사람들은 당황하고 놀랄 것입니다. 주님 앞에서 경배하는 대신 사람들은 지갑을 가지러 집으로 뛰어 들어갈 것입니다. 그리스도의 자유를 그들 안에서 찾아볼 수 없을 것입니다.

이제 당신은 바울의 열심을 느끼겠습니까? 바울은 또한 염려하지 않을 수 없었습니다. 그 때문에 로마에 있는 성도들에게 편지를 썼던 것입니다. 그러면 왜 바울은 이렇게 편지를 썼을까요? 바울은 로마 교회가 기독교를 진흙탕 속으로 끌어내리지 않을까 염려했습니다. 또 주 예수님이 죽고 부활하셨으니 모든 것이 해결되었다고 여기며 자기들은 더 이상 할 게 없다고 여길까봐 걱정했던 것입니다. 그래서 바울은 당황해서 이렇게 외친 것입니다. "여러분은 그렇게도 어리석습니까? 성령으로 시작하였다가, 이제 와서는 육체로 끝마치려고 합니까? 여러분들이 새로운 것을 향해 돌아서지 않는 한 주님은 여러분들을 도우실 수 없습니다."^{갈라디아서 3장 3절} 그러나 만약 여러분들이 그리스도와 함께 죽었다면, 우리는 그리스도와 함께 또한 살 것입니다. 이제 그분이 살아계십니다. 우리가 세상적인 것들과 철저히―어정쩡하거나 대충이 아니라―결별했기에 새로운 세상이 우리에게 활짝 열릴 것입니다. 그때에 비로소 우리는 더 이상 할 일이 없을 것입니다. 이제 우리는 더 이상 죄를 위해 살지 않고 그리스도가 하나님을 위해 사시듯 하나님을 위해 살게 될 것입니다.

하나님만을 위해 자유롭게 살 수 있다면, 이 모든 것이 그렇게 될 수 있다면 얼마나 좋을까요. 더 이상 우리의 성城들과 부富가

아닌 오로지 하나님을 위해 살 수 있다면, 그럴 수 있다면 얼마나
좋을까요.

주님, 우리에게 자비를 내려주소서.
주님, 우리가 이해할 수 있도록 하늘을 열어주소서,

사람들은 우리의 말을 이해하지 못하고 우리의 모든 노력은
헛된 것처럼 보입니다. 하지만 용기를 잃지 맙시다. 새로운 시대
가 오고 있습니다. 비록 아주 적은 사람들만이 목숨을 걸고 하나
님을 향해 열심을 내고 있지만, 그래도 새 시대는 오고 있습니다.
그 때, 죽음으로써 생명을 찾게 될 것입니다.

그런데 내게는 우리 주 예수 그리스도의 십자가 밖에는,
자랑할 것이 아무것도 없습니다.
그리스도로 말미암아, 내 쪽에서 보면 세상이 죽었고, 세상 쪽에서 보면
내가 죽었습니다. 할례를 받거나 안 받는 것이 중요한 것이 아니라,
새롭게 창조되는 것이 중요합니다. 이 표준을 따라 사는 사람들에게와
하나님의 백성 이스라엘에게 평화와 자비가 있기를 빕니다.

갈라디아서 6장 14-16절

9
자신을 부인하십시오
Forget Yourself for God

창조주이시고 온 세상의 하나님이신 주께는 우리 말고도 다른
사람들이 있습니다. 우리 그리스도인들이 세상에서 가장 중요하
고 그 분의 일을 하기에 최고의 사람들이 결코 아닙니다. 우리는
일부분일 뿐이며 우리 말고도 다른 사람들이 있습니다.요한복음 10
장 16절 우리는 그 속에 포함된 것에 대해 하나님께 감사할 뿐입니
다. 이제 우리는 자신의 유익보다 하나님의 일을 위해 더욱 분발
해야 합니다. 그런 이유 때문에 나는 구원받는 것에 끊임없이 집
착하는 사람들을 참을 수가 없습니다. 나는 교회가 사람들에게

어떻게 하면 구원받을 수 있는지에 대해서만 설교하고 가르치는 것을 보면 몹시 화가 납니다. 우리는 무엇보다 먼저 바른 신앙을 세우는 것을 갈망해야 합니다.

신약성경의 탕자처럼 많은 그리스도인은 세상에서 최고가 되고 행복하게 되는 것만 바랍니다. 천사조차도 비웃습니다. 세상에서 가장 교만한 사람들입니다. 우리가 하나님의 자녀라면 구원받는 것은 이차적인 문제입니다. 무엇보다 우선적인 것은 구원받기에 합당한 삶을 사는 것입니다.^{빌립보서 2장 12-13절} 우리는 세상에서 우리가 아닌 하나님만이 영광되게 하는 일만을 늘 생각하고 그것을 갈망해야 합니다. 그것은 우리가 죽어서 천국에 가는 것을 바라는 것이 아닙니다! 내가 하나님의 자녀라면 제일 먼저 할 것은 내 자신을 잊어버리고 새로운 창조를 구하는 것입니다. 사람들이 가장 오해하는 것이 바로 이 문제입니다.

우리가 하나님나라보다 우리 구원을 우선으로 삼는다면 이 땅에 아무런 빛도 없을 것입니다. 고통^{misery}은 더 심해지고 어둠은 더욱 짙어질 것입니다. 천국의 축복을 바라며 기뻐하는 사람들이 많이 있을지 모르나 이 땅에서는 고통과 빈곤이 해마다 증가할 것입니다. 그러나 하나님께 새로운 마음을 받은 우리는 진심으로 이렇게 외칩니다. "그렇지 않습니다! 우리는 우리 구원을 먼저 생각하지 않을 것입니다. 우리 자신의 유익을 먼저 구하지 않을 것입니다. 우리는 종이 되길 원합니다. 우리는 먼저 하나님의 구원과 영광과 나라를 구하고자 합니다!" 우리는 단지 구원받는 것에

만족하는 것이 아니라 온 피조물의 탄식소리와 수많은 사람들의 절규와 신음소리에 귀를 기울이고 싶습니다. 우리가 구원받는 것이 이 사람들에게는 아무런 도움이 되지 않습니다. 우리가 "하나님의 나라가 임하옵소서!"라고 부르짖으며 기도할 때만 그들을 도울 수 있습니다. 또한 우리 자신의 행복과 심지어 우리 자신의 구원조차도 내려놓고 온몸으로 싸우며 하나님이 관여하시는 것을 경험할 때만 그들을 도울 수 있습니다.

이것이 교회가 존재하는 이유이며 내가 외치는 이유입니다.

> "자신을 잊으십시오. 자신을 부인하십시오. 하나님의 영광을 위해 예수님과 함께 십자가를 지고 여러분의 구원은 창조주께 맡기십시오. 자신에 대해서 염려하지 마십시오. 모든 피조물이 하나님의 평화를 경험하길 바라시는 그분의 비통한 마음을 먼저 생각하십시오." 누가복음 9장 23-27절

하지만 누가 하나님을 돕겠습니까? 누가 자신을 희생하며 십자가를 질까요? 누가 자신의 꿈을 포기하고 하나님을 섬길 것입니까? 우리 그리스도인들 중에 누가 이 세상의 즐거움을 포기할 수 있습니까? 누가 하나님의 심판을 기꺼이 받을 것입니까? 하나님의 손이 이 땅에 정의를 펼치시길 갈망하는 사람은 도대체 누구입니까?

성경은 초대 교인들이 신앙 때문에 박해를 당하고 크나큰 어

려움을 겪은 것을 우리에게 알려줍니다. 하지만 오늘날 수많은 그리스도인들 가운데 그런 어려움을 감당할 수 있는 사람은 별로 없을 것입니다. 초대 그리스도인들은 오늘날 집시들처럼 사회적으로 따돌림의 대상이었습니다. 초대교회 그리스도인들은 '십자가에 죽은 자'를 하나님으로 섬겼다는 이유로 어리석은 자로 취급받았습니다. '십자가에 죽은' 하나님을 믿다니 얼마나 어리석어 보이겠습니까?고린도전서 1장 26-31절 그게 무엇을 의미하는지 우리 시대는 이해할 수 없을 것입니다. 오늘날에는 십자가에 달린 예수님을 믿고 그리스도인이 되는 게 그다지 어려운 일이 아닙니다. 하지만 그 당시에는 완전히 바보 취급을 받아야 했습니다. 이런 이유로 사도들은 힘겨운 싸움을 치르고 있는 교회가 지쳐 주저앉지 않고 교회 앞에 놓인 값진 상을 지킬 수 있도록 구원에 대해 여러 가지 고상한 표현들을 써가며 용기를 북돋고 싶었던 것입니다. 바울이 구원에 대해 말한 주된 목적이 바로 이것입니다.

"아, 제발 구원받았으면!" 오늘날 사람들은 이렇게 말합니다. 하지만 하나님은 이렇게 말씀하십니다. "나는 천국에서 너희들이 필요 없다. 여기에는 구원받은 자들이 이미 충분히 많다. 나는 일꾼이 필요하다. 이 지상에서 일할 일꾼이 필요하다. 먼저 거기서 나를 섬기라."라고 말입니다. 나는 그리스도인들이 이 땅에서 하나님의 뜻대로 살아가려고 애쓰기 보다는 늘 하늘만 쳐다보게 만드는 이 모든 종교적인 안락함과 나태함이 없어지길 진심으로 소망합니다. 오늘날의 그리스도인들은 구원받았다는 안도감 속에서 스스로 속이고 있습니다. 얼마나 터무니없는 일입니까? 만약 당신이 하나님을 위해 모든 것을 포기할 각오가 되어 있지 않다면, 또 하나님의 이름보다 당신의 이름에 더 집착한다면, 당신이 어떤 고통을 겪는다 해도 내게서 위로받을 생각하지 마십시오. 어떤 대단한 일도 하나님을 위해 한 것이 아니라면 아무 소용이 없습니다. 만약 단지 무엇을 얻기 위해 예수님을 믿는다면 당신은 세상을 이길 수 없을 것입니다.

우리가 구원받은 이유는 단 한 가지 목적을 위해서입니다. 바로 하나님께 영광을 돌리기 위해서입니다. 우리는 우리 생각과 감정에 맞지 않더라도 우리 영광을 내려놓을 수 있어야 합니다. 우리의 영광만을 생각하지 마십시오! 우리는 주님의 진리와 의를 구할 뿐입니다. 우리는 오로지 "이것이 옳은가, 옳지 않은가?"라고 물을 뿐입니다. 모든 것은 우리가 진리와 정의를 발견하느냐 그리고 의로움이 이 땅위에 실현되느냐에 달려있습니다. 누구나 각자 삶의 자리에서 이 일을 할 수 있습니다. 이것은 어느 교회a system of belief에 속해 있느냐와 상관없습니다. 누군가 진심으로 진리와 정의의 예수님을 원한다면, 그 사람은 기꺼이 받아들여질 것입니다.

우리는 예수님이 이 땅에서 무엇을 원했는지 진지하게 생각해봐야 합니다. 만약 아무도 예수님을 마음에 모신 사람이 없다면, 또 그리스도인들이 생각 없이 살아가며 앵무새처럼 의미 없이 성경을 외우고 기도를 한다면, 만약 우리가 자기 자신에만 신경 쓰고 우리 삶과 세상이 옳은지 그렇지 않은지를 생각하지 않는다면, 새로운 어떤 것이 우리 삶에 파고들지 못하는 것은 우리 탓입니다. 만약 당신이 당신 자신을 철저히 포기하고 내려놓지 않는다면 하나님은 다른 사람을 찾으실 것입니다. 이것은 분명한 사실입니다.

당신은 "하나님이 우리를 위해 모든 것을 다 해 놓으셨어. 아, 어서 천국에 갈 수 있다면! 그곳은 얼마나 아름다울까?"라며 감언이설로 비위맞추는 종교를 원하십니까? 당신이 원하는 것이 이런 것이라면 하나님이 이렇게 말씀하실 때 무척 놀랄 것입니다. "너는 이곳에서 네 신앙으로 도대체 무얼 하고 있느냐? 너는 이 땅에서 충성했어야 했다. 예수님이 사람들 가운데서 사시도록 네가 모든 것을 포기했어야 했다."라고 말입니다.

어디서 하나님이 드러나셔야 합니까? 저 하늘이 아니라 바로 이 땅 위에서입니다. 하나님은 천국에서 당신이 필요 없습니다. 그곳에는 이미 수많은 천사가 하나님을 찬양하고 있습니다. 당신이 있을 곳은 이 땅입니다! 이것이 바로 천사들이 간절히 보고 싶어 하는 구원입니다. 베드로전서 1장 10-12절

이렇게 생각해 보십시오. 우리의 삶과 행위와 구원은 이 지상에서 일어나는 일이어야 합니다. "당신의 나라가 임하시고, 당신의 뜻이 하늘에서처럼 이 땅에서 이루어지소서." 이 땅은 사람들이 생각하듯 절망스러운 장소가 아닙니다. 이 땅에서도 많은 일

이 일어날 수 있습니다. 중요한 것은 새로운 창조입니다. 그리스도의 미래는 새로운 창조를 통해 이루어집니다. 수만 명의 사람들이 죽어 "구원받는" 것보다 더 중요한 일이 이 땅에서 하나님을 위해 일어날 수 있습니다. 하지만 누가 이것을 이해할 수 있습니까? 오로지 예수님이 영광을 받으시도록 자신을 내려놓는 사람, 예수님이 사시도록 자신을 십자가 앞에 내려놓는 사람만이 이것을 이해할 수 있습니다.

하지만 우리 그리스도인들이 자신을 포기하지 않는다면, 아무리 경제적으로 발전하고, 철도를 건설하고 아프리카까지 전화를 연결하고, 잃어버린 영혼들을 위해 수천 명의 선교사들을 보내더라도 이 세상은 늘 그대로일 것입니다. 그렇게 해서 생각이 좀 바뀌고 세속적인 본성이 얼마간 개선될지는 모르겠지만 상황은 마찬가지일 것입니다. 인류는 아무것도 이룰 수 없습니다. 이런 문제 저런 문제에 신경을 쓰고 관심을 가질 수는 있겠지만 우리는 오로지 예수님이 무엇을 하시며 무엇을 하실지에만 집중해야 합니다. 우리의 유일한 관심은 바로 그분, 다시 오실 분이 살아 계시다는 것, 승리자이며 왕이신 예수님께서 우리 안에 살아 계시다는 사실입니다. 그러면 그분은 우리를 사용하실 것입니다. 예수님을 통해 우리 구원이 의미가 있게 될 것입니다.

이런 관점으로 바라보아야만 하나님이 사용하실 수 있는 일꾼이 될 수 있습니다. 우리는 우리의 방식이 아닌 하나님이 원하시는 방식으로 일해야 합니다. 너무나 많은 기독교인들이 비신자들에게 "기독교"와 "기독교 문화"를 전하려고 하고 있습니다. 하지만 이들이 진정 하나님의 영광을 전하고 있는지 심각하게 생각해 볼 일입니다. 복음전도자들은 말합니다. "세상 모든 사람들이 구원받으면 하나님의 이름이 영광을 받으실 것입니다." 또, 교회에 충실한 이들은 말합니다. "모든 사람들이 교회에 나오면 주님의 이름이 영광을 받으실 텐데." 그러나 나는 절대 그렇게 믿지 않습니다. 하나님은 그런 식으로 영광을 받으시지 않습니다. 하나님의 능력이 믿는 우리들을 통해 사람들의 삶에 들어가 그들의 상황을 변화시키지 않는다면 위와 같은 복음전도나 교회는 하나님을 영광스럽게 하지 못합니다.

우리는 얼마든지 원하는 대로 설교할 수 있습니다. 그러나 사람들은 여전히 하나님이 아니라 자기 자신을 위해 교회로 올 것입니다. 한번 사람들이 싫어하는 것을 설교 해보십시오. 사람들은 투덜거릴 것입니다. 하지만 사람들이 좋아하는 것을 설교하면, 사람들은 설교가 좋았다고 칭찬할 것입니다. 사람들은 설교에서 자기들에게 도움이 되는 것을 얻지 못하면 그 설교는 틀렸다고 생각하고 다른 교회로 눈을 돌립니다. 오늘날 그렇게 많은 사람이 교회에 다니지만 참으로 변화된 사람을 찾아보기 힘듭니다. 몇몇 예외가 있을지 모르겠지만, 너무 많은 경우에 '교회만 다니는 사람'churchgoer, 그리스도인과는 구별된들 대부분은 세속적이고 죄된 생활을 계속하고 있습니다. 그 사람들에게 예수님을 믿고 변한 것은 전혀 없는 것 같습니다.

이 땅에 존재하는 목적을 이루는 데 있어서 쓸모없는 자가 된다는 것은 신앙인에게 도저히 견딜 수 없는 일입니다. 하나님은 우리를 하나님께서 만드신 세상 가운데 보내셨습니다. 하지만 슬프게도 우리는 우리 자신이 아니라 위대한 목적을 위해서 이 땅에 존재한다는 사실을 잊어버렸습니다. 우리는 살아계신 하나님의 종이 되기 위해서 이 땅에 존재하는 것입니다. 그런데 사람들은 교회에 앉아서 오로지 자기 자신만 생각합니다. 모두 다 자기 신세만 한탄하며 이 땅을 향한 하나님의 목적에 대해선 아무것도 알고 싶어 하지 않습니다. 나는 그들에게 이렇게 외치고 싶습니다. "불쌍한 이들이여, 당신 자신에 대해 잊어버리십시오! 하나님의 대의를 생각하십시오. 하나님의 대의cause를 위해 일어서십시오. 아니면 적어도 당신들이 그처럼 시시한 문제들에 온통 정신이 팔려있는 것 말고는 아무것도 할 수 없다는 사실을 부끄러워하기라도 하십시오."

그 무엇보다 끔찍한 것은 하나님께서 우리를 조금도 사용하실 수 없다는 사실입니다. 우리의 발전에도 불구하고 우리는 퇴보한 것이 틀림없습니다. 어떤 위대한 목적을 위해 일하지 않는다면 우리는 모든 면에서 퇴보하게 될 것입니다. 하지만 누구라도 사랑과 기쁨으로 자신보다 더 위대한 것을 위해 일한다면 최악의 여건 속에서라도 번성할 것입니다. 만약 우리가 하나님의 창조물인 이 땅의 생명을 위해 일하지 않는다면 육적이건 영적이건 모든 삶의 가치는 파괴될 것입니다.

사랑하는 어려분, 내가 당신의 마음에 이것을 새겨 넣을 수만 있다면 얼마나 좋을까요! 우리 자신을 잊어버리고 더 높고 중요한 목표를 위해 산다면 더 많은 변화가 올 것입니다. 그것을 위해 우리가 이 땅에 사는 것이 아닐까요? 예수님도 우리가 이 일을 할 때 우리를 도우실 것입니다. 그분은 이 땅에 오신 하나님의 영광의 광채이십니다.히브리서 1장 3절 그리스도는 우리가 아닌 하나님의 목적을 위해 존재하십니다. 그래서 하나님은 예수 그리스도 안에서 빛을 비추십니다. 이 때문에 예수 그리스도가 중요한 것이며 십자가에 달리셨음에도 부활하시고 영생을 가지신 것입니다. 예수님은 이 땅에 하나님의 목적을 위해 계십니다. 그렇다면 우리는 어떻습니까? 우리는 자기 자신을 위한 것 외에는 아무런 목적없이 이리저리 떠다니듯 살아갑니다. 이런 삶은 너무 허술해서 아주 작은 일에도 쉽게 무너집니다. 하지만 예수님은 다릅니다. 창조주 하나님이 예수님을 통해 광채를 발하십니다. 예수님은 하나님을 섬기는 것이 무엇인지를 아시기에, 예수님을 통해서 모든 피조물은 모든 것이 다시 제자리를 찾을 것입니다. 그리고 황폐하게 된 땅이 다시금 하나님을 위해 회복될 것입니다.

예수님이 구원자로 이 땅에 오신 이유가 바로 이것입니다. 그리고 바로 이 때문에 예수님은 다시 오실 것입니다. 분명히 예수님은 우리 가까이 계십니다. 하지만 우리가 예수님을 돕지 않고 예수님을 위해 길을 예비하길 거절한다면 예수님은 우리를 제외하실 것입니다. 이 사실을 꼭 기억하십시오. 예수님은 먼저 하나님을 위해 이곳에 계시며, 그런 다음에 당신을 위해서 계시다는 사실입니다. "나의 양식은 나를 보내신 이의 뜻을 행하며 그의 일을 온전히 이루는 이것이니라"요한복음 4장 34절라고 예수님은 말씀하십니다. 그런데 우리 그리스도인들은 이것을 완전히 뒤바꿔놓고 예수님이 오로지 우리를 위해서 오셨다고 믿으며 달콤한 환상 속에 스스로를 속이고 있습니다. 하지만 확실히 말하건대, 우리가 예수님을 돕지 않는다면 하나님은 우리를 돌보지 않으실 것입니다. 하나님은 우리를 버리실 수 있습니다. 예수님은 우리가 아니라 하나님을 위해 일하시기 때문입니다. 그러므로 더 이상 자만하지 마십시오.

오랜 세월동안 사람들은 어떻게 하면 구원자로부터 이익을 얻을까에 대해서만 생각했습니다. 하지만 만약, 이제 주님이 우리를 섬기는 것이 아니라 우리가 주님을 섬기길 원한다면, 다시 말해서 '이제 나는 하나님을 위해 무언가를 하고 싶어! 나는 더 이상 내 자신에 대한 것에 관심을 두지 않을 거야!'라고 생각하지 않는다면, 이전에 얻었던 이익은 사라지고 곧 우리 주머니는 허전할 것입니다.

이것이 바로 많은 그리스도인들이 평안과 은혜를 누리지 못하는 이유입니다. 만약 우리가 우리 존재의 목적을 모른다면, 그리고 만약 우리가 하는 일이 하나님 영광을 위해서 하는 것이 아니라면, 그 은혜의 힘과 유익은 곧 바닥을 드러내게 됩니다. 우리가 사는 이 땅이 바로 하나님과 그 나라를 위해 일하도록 부르심을 받은 곳이라는 사실을 모른다면, 우리는 삶을 아무런 목적도 없이 낭비하게 될 것입니다.

오늘날의 기독교인들 속을 들여다보면 삶의 가치나 목적이 비기독교인들과 다를 바가 없습니다. 하나님과 예수님에 대해 더 많이 알고는 있지만 영적인 것뿐만 아니라 물질적인 것에도 비기독교인들보다 더 이기적이고 탐욕스럽습니다. 그뿐만 아니라, 그 많은 종교 지식을 가지고도 아무런 지식도 없는 비기독교인들보다 나은 것이 없습니다. 그렇지 않습니까?

지금 하나님은 이 땅위를 두루 살피시며 그 분을 위해 일 할 사람을 찾고 계십니다. 하나님은 어떤 차별도 두지 않고 사람을 사용하십니다. 당신이 이 땅에서 어떤 옷을 입고 있는지는 천국에서 아무런 상관이 없습니다. 당신이 누구며, 어디에 속해 있으며, 어떤 생각을 가지고 있고, 어떤 교단에 속했는지는 전혀 문제가 되지 않습니다. 중요한 것은 당신의 마음이 이 땅에 오실 하나님의 영광과 광채에 열려있는가 입니다. 그렇기만 하다면 당신이 누구이며 무엇을 하는지는 중요하지 않습니다. 지금 하나님은 기독교인뿐만 아니라 무슬림이나 유대인 중에서도 예수님이 다시 오실 때 하나님 앞에서 두려워 떨지 않는, 생명을 가진 자가 있는지 찾아보고 계신다고 나는 생각합니다. 만약 그런 사람이 있다면 하나님은 그들을 지체하지 않고 부르실 것입니다. 그들은 당장은 천국의 문제에 대해 아는 것이 별로 없을지도 모릅니다. 하지만 그들의 마음이 올바르기만 하다면 하나님은 그들을 사용하실 수 있습니다.

이제 하나님이 그의 백성 속에서 영광을 받으실 시대가 다가오고 있습니다. 만약 기독교의 시대가 온다고 할 때, 그 기독교가 오늘날 우리가 알고 있는 기독교라면 그것은 당신의 착각입니다. 인류의 시대A time of humanity가 오고 있습니다. 예수님은 인류의 영광이며 하나님은 아무도 차별하지 않으시는 분이기 때문입니다. 누구든지 하나님을 경외하며 의를 행하는 자를 하나님은 기뻐하십니다. 외적인 차이는 아무런 상관이 없습니다.

이 사실 때문에 당신은 우울하고 슬프십니까? 당신은 '하지만 내가 얼마나 오랫동안 믿었는데 비기독교인들을 나와 똑같이 대우한단 말입니까!'라고 말하고 싶나요? 당신이 말하고 싶은 것이 이런 것인가요? 온세상을 구원하시는 분에게서 자신에게 유익이 될 것만 찾고 있다면, 당신도 선지자 요나와 같은 잘못을 범하는 것입니다.

당신이 유대인이건, 가톨릭이건, 복음주의자건, 무슬림이건 내 말을 믿으십시오. 오늘날 하나님의 유일한 관심은 당신이 하나님께 쓰임 받고 싶은 마음이 있는가, 없는가에 대한 것입니다. 당신은 하나님이 당신 안에서 영광을 받으시길 원하고 있습니까? 단순하게 그렇다고 대답하십시오. 비기독교인도 상관없습니다. 그저 "예"라고 대답만 하면 모든 것이 채워질 것입니다. 수천수만의 사람들이 오직 하나님께 이렇게 결심해야 합니다.

"하나님, 우리는 다시 한 번 당신의 백성이 되고 싶습니다. 이 땅에서 다시 당신의 것이 되길 원합니다. 온 세상이 얼마나 당신의 이름에 먹칠을 했는지요? 우리가 얼마나 이 땅위의 것들을 탐욕과 욕심으로 수치스럽게 만들었는지요? 하지만 이제 알게 됐습니다. 온 세상의 생명이 우리 손에서 사그라지고 있습니다. 우리가 당신의 뜻을 이루지 못한다면 모든 생명은 완전히 파괴될 것입니다. 그러므로 오직 하나님을 위해서만 진심으로 이 땅에 살길 원합니다. 우리에게 어떤 일이 벌어지더라도, 우리 몸과 생명과 모든 것을 잃더라도 다시 한 번 사람들이 전심으로 주님의 길을 예비하는 일에 참여하길 소망합니다."

자신을 잊고 하나님 앞에 자기 목숨을 내려놓지 않는 자는 구원자와 아무 상관이 없습니다. 아무리 겉으로 신앙이 좋아 보이더라도 아무런 소용이 없습니다. 피조물의 탄식이 하나님께 들리고 있고, 이 땅에 하나님의 혹독한 심판이 다가오고 있습니다. 우리가 하나님을 가로막고 있다면 우리가 누구건 더 이상 하나님에게 가치가 없습니다. 그러므로 당신에게 요구합니다. 이제 시작하십시오! 비록 가난하고 무능해 보이더라도 하나님을 섬기고 싶다고 서약하십시오. 당신 자신을 잊으십시오. 당신의 왕이신 예수님이 왕으로서 여김을 받지 못한 것을 안타까워하십시오. 당신의 하나님께서 인간들에게 형편없이 취급받아 온 것을 슬퍼하십시오.

비록 지금 당장 행동하지는 못해도 탄식하며 하나님께 외치는 것만으로도 당신의 완악한 마음은 금새 변화될 것입니다. 우리는 이 땅에서 하나님을 섬기지 못했다는 사실에 마음이 찢어지듯이 괴로워야 합니다. 그때 구원자께서 오실 것입니다. 그러면 우리 안에 어떤 변화가 일어날 것이며, 우리의 모든 존재가 새롭게 회복되어 하나님나라를 위해 새 생명 안에서 하나님께 영광을 드리기에 합당한 사람이 될 것입니다.

그러므로 주 하나님께서 이렇게 말씀하신다.
내가 시온에 주춧돌을 놓는다. 얼마나 견고한지 시험하여 본 돌이다.
이 귀한 돌을 모퉁이에 놓아서, 기초를 튼튼히 세울 것이니,
이것을 의지하는 사람은 불안하지 않을 것이다.

이사야 28장 16절

10
하나님은 시온^{Zion}을 찾고 계십니다
God is seeking a Zion

　　하나님께서 그 뜻을 이 땅에서 펼치려고 하실 때는 언제나 먼저 시온을 세우십니다. 시온^{Zion}은 하나님이 역사하시고 말씀하실 수 있도록 열린 생각과 마음을 가지고 구별된 삶을 사는 사람들의 공동체를 말합니다. 그런 공동체를 통하지 않고 하나님의 빛이 이 세상에 비춘 적은 없었습니다. 그 자체로 옳은 율법도 시온과 연관될 때만 생명력 있고 참되게 됩니다. 시온이 없다면 우리는 시들어버리고 사그라질 것입니다. 교리조차도 하나님을 추구

하고 시온을 건설하고자 하는 사람들의 마음속에 살아있기만 하면 선한 것을 만들어 냅니다. 하지만 시온이 사라지는 순간, 최고의 교리도 생명력을 잃을 것이며 많은 이들이 의지하던 교회도 휘청거릴 것입니다. 교리가 죽고 교회가 쓰러진다 해도 그리 실망할 필요는 없습니다. 이 땅에서 생겨난 것들은 단지 상대적으로 선할 뿐입니다. 하나님의 진리가 언어와 제도를 통해 모습을 드러낼 때는 언제나 인간의 불완전함을 반영할 수밖에 없기 때문입니다. 그렇기에 하나님나라가 완전한 모습으로 임할 때까지는 계속해서 더 나은 것에 자리를 내주어야 하는 것입니다.^{고린도전서 13장 9절}

이처럼 우리의 신앙고백과 교파는 완전하지 않습니다. 많은 사람들은 공개적으로 또는 드러나지 않게 신앙고백들과 교파들로부터 벗어나고 있습니다. 우리가 아무리 신앙고백과 교리를 새롭게 만들어서 하나님나라에 일조하려고 해도 결국 성공하지 못할 것입니다. 하나님을 추구하는 숭고한 뜻을 가진 사람들은 신앙고백과 신조들에 대해 더 이상 동의할 수 없을 것입니다. 교회나 교리에 등을 돌리는 이들이 꼭 하나님과 인연을 끊으려는 의도라고 생각할 필요는 없습니다. 오히려 하나님을 배척하는 대신 하나님을 찾는 많은 사람들이 있습니다. 그리고 그들은 지금까지와는 다른 방법을 찾아서 실현하려고 노력하고 있습니다.

우리 시대가 엄청난 변화를 향해 가고 있다는 사실은 우리에게 위안이 됩니다. 어떤 운동이 모습을 드러낼 것입니다. 처음에는 모호하고 불확실한 걸음일 것입니다. 그러나 그 움직임은 하나님의 시온이 될 싹이 움틀 수 있는 토양을 제공할 것입니다. 그리고 하나님은 그 시온을 위해 영원한 진리에 근거한 새로운 것을 만드실 것입니다. 분명한 것은 어느 것을 너무 성급하게 받아들이는 것을 매우 주의해야만 한다는 것입니다.

종교적인 신념에 대한 지나친 열심이 큰 재앙이 될 수도 있고 하나님에게 맞서는 것이 될 수도 있습니다. 예수님 자신도 그런 것들에 반대했다는 사실을 기억하십시오. 당시 종교적으로 열심을 내던 사람들은 하나님의 적이 되었습니다.^{누가복음 11장 52-53절} 지금도 그런 일이 벌어질 수 있습니다. 교회 조직과 사역단체들을 유지하기 위해 쏟는 엄청난 열심들을 보면 오늘날 종교에 얼마나 많은 인간적인 것들이 들어와 있는지 분명히 볼 수 있습니다. 인간적인 것들은 불완전하며 영원히 지속될 수 없을 것입니다. 그러므로 때로는 우리 사역들이 실패하도록 두십시오. 그러면 하나님의 역사가 더 분명하게 일어날 것입니다.

하지만 우리는 새롭고 더 좋은 것을 위해 운명론적인 방식으로 기다려서는 안 됩니다. 오히려 새롭고 좋은 것을 위해 우리 자신을 드려야 합니다. 다시 말하지만, 하나님께서 이 세상에서 무엇인가를 하시기 위해서는 이 땅에 시온―하나님이 다스리시는 공동체―가 있어야 합니다. 시온이 없다면 하나님은 아무것도 행하시지 않을 것입니다. 일찍이 아브라함과 그의 종들과 아들들은 하나님이 일하시도록 온전히 하나님을 향해 자기 자신과 모든 소유를 포기하고 연합된 공동체를 이루어야만 했습니다. 이들도 그 시대 하나님의 시온이었습니다. 하나님은 그때부터 지금까지 이런 사람들을 찾고 계십니다.

아브라함과 마찬가지로 모세도 그랬습니다. 모세를 통해 시온에 기초석과 머릿돌이 세워졌고, 그 위에 시온이 세워질 수 있었습니다. 하나님의 영은 시온으로부터 나와서 온 세상을 정복하십니다. 시온은 자신을 철저히 헌신한 소수의 사람들이었습니다. 이스라엘 가운데 이 시온의 사람이 사라질 때 하나님의 통치도 사라졌습니다. 그리고 사무엘이 시온의 사람이 되어야 했고, 그가 살아있을 동안 하나님이 이스라엘을 돌보셨습니다. 그리고 이스라엘 백성이 하나님으로부터 멀어졌을 때, 다윗과 예언자들은 오직 하나님만을 위해 헌신한 사람이 되어 다른 사람들이 하나님을 위해 자기를 부인하고 희생하도록 이끌었습니다.

그 후, 이스라엘 백성이 포로로 끌려가 있을 때 하나님은 그들을 도우실 수가 없었습니다. 사람들은 분명 하나님의 도움을 바라기는 했지만 그걸 위해 자신들을 완전히 내려놓고 복종할 수 없었습니다. 이런 상황에서 하나님이 어떻게 도우실 수가 있었을까요? 시온이 생기기 위해선 자신을 내려놓고 하나님의 도움이 올 수 있는 길을 닦을 사람들이 있어야 합니다. 오직 하나님만을 위해 사는 사람들이 있어야만 하는 것입니다. 구원자조차도 시온이 없이는 오실 수 없습니다. 사가랴와 엘리사벳, 한나, 요셉, 그리고 마침내 마리아가 있어야 했습니다. 그들은 시온이 되어 하나님나라를 위한 정의와 진리가 놓일 기초를 놓아야 했습니다. 드디어 예수님이 태어나셨고 우리 자신을 올려놓을 반석이 나타나신 것입니다.

그리고 후에 다시 예수님을 중심으로 제자들을 통해 시온이 형성되었습니다. 하지만 예수님은 오래지 않아 십자가에 죽으시고 부활하셔서 하늘로 승천하셨습니다. 이제 예수님의 사역은 어떻게 해야 계속될 수 있습니까? 만약 성령 안에서 하나님의 영광을 위해 자신을 내려놓고 예수님의 가르침에 따라 이 땅 위에 완성될 하나님의 정의와 진리를 위해 살려는 시온의 사람들이 없었다면 예수님은 아무것도 이루지 못했을 것입니다. 만약 제자들이 한마음으로 세상에 저항하면서 하늘에서 온 것 외에는 모두 무가치한 것으로 여기지 않았다면 사람들은 예수님의 이름을 금세 잊고 말았을 것입니다. 이 시온이 없었다면 예수님의 빈 무덤조차도 헛된 것이 되고 말았을 것입니다. 구원자는 영광스러운 하나님의 우편으로 올라가버리시는 것으로 끝나버리고 우리 인간들은 아무런 도움도 받지 못한 채 버려졌을 것입니다. 한동안 사람들 입에 오르내리긴 했겠지만 하나님의 역사는 결국 하나의 전설로 남고 말았을 것입니다. 참 생명의 복음이 전파되지 못하고 그렇게 끝나버리고 말았을 것입니다.

예수님이 시온에게 얼마나 큰 기대를 갖고 계신지는 요한복음 17장의 제자들을 위한 기도에 잘 드러나 있습니다. 이 기도에서 우리는 사람들이 마음과 영의 일치를 위해 자신을 포기하고,

새롭고 온전한 것을 소유하기 위해 옛 생활에서 철저히 자유롭게 되지 않는다면 아무것도 이룰 수 없다는 것을 알 수 있습니다. 그 것이 사도들에게서 볼 수 있는 하나님의 능력이었습니다. 예수님 의 제자들은 시온이었습니다. 그들은 무엇이 가능하고 불가능한 지, 무엇이 합리적인지 아닌지를 따지지 않고 하나님의 일을 위 해 준비된 시온이었습니다. 그들은 아무것도 묻지 않고 그저 주 님에게 복종했습니다. 그래서 그런 사도들의 삶은 오늘날까지 기 적과 표적으로 남아있습니다. 전능하신 하나님의 불이 사도들에 게서 말이 아니라 능력으로 세상으로 퍼져나갔습니다.

하지만 안타깝게도, 이 사도 시대가 갑작스럽게 막을 내립니 다. 사도들이 죽고 점점 시온도 사라지고 맙니다. 그렇다고 주춧 돌까지 세상에서 없어진 것은 아닙니다. 그리스도는 고랑을 깊이 갈아놓으셨습니다. 그 후로도 헌신된 사람들이 생겨났습니다. 하 지만 하나님의 영보다 세속적인 정신이 사람들 안에 가득했습니 다.

교회사를 읽는 것은 그리 유쾌한 일이 아닙니다. 오래 전부터 사람들은 이렇게 생각하기 시작했습니다. "우리가 지금보다 더 나은 것을 원해야 합니까? 아닙니다. 우리가 가진 것으로 충분합 니다. 어쨌든 우리는 그리스도에 대한 신앙을 가지고 있고 구원 을 받지 않았습니까? 우리는 다른 어떤 종교보다 강력한 기독교 라는 새로운 종교도 세워놓았습니다. 그거면 충분하지 뭐가 더 필요하단 말입니까?"

시간이 흐르면서 사도들의 시온은 인간적인 이상으로 변질되었고, 죄와 죽음의 저주에서 해방이라는 하나님의 역사는 좌절되었습니다. 기독교는 또 하나의 종교로 전락해버렸습니다. 그리고 이 종교 속에서 사람들은 더 이상 나아가지 못하고 침체되었습니다. 다시 옛날처럼 비참한 죄와 죽음의 상태로 돌아가 버린 것입니다. 부활과 참 생명의 흔적이 사람들의 삶에까지 다가가질 못하고 있으며, 지금 이 땅에서 가시적으로 드러나질 못하고 있습니다. 인간의 영악함이 버섯처럼 퍼지고 있고, 인간이 만든 교리가 기독교 신앙의 진리와 뒤섞이고 말았습니다. 이미 교회 역사 초기부터 교부들이 나타나 자칭 기독교인이라 부르는 이단자들과 싸워야 했습니다. 하지만 교회 역사 어디에도 예언자들에 대해선 더 이상 언급이 없습니다.

"교회 교부"들은 있지만 하나님의 시온은 어디에 있습니까? 계속해서 인간적인 이론과 조건들만 늘어만 갑니다. 이런 상황이 어떻게 현재까지 계속되었는지 참 놀라울 뿐입니다. 모두가 다 자기들만의 조건을 정해 놓고 그 안에 안주합니다. 그리고 기독교는 꽤 잘 굴러가고 있습니다. 하지만 유대의 사자the Lion of Judah는 어디 있습니까? 아무 조건 없이 하나님께 복종하고, 하나님을 경외하는 사람은 어디 있습니까? 다시 옛날처럼 하나님이 아니라 우리가 주도권을 잡고 있습니다. 결국에는 무기가 승패를 결정하며, 기독교는 전쟁과 학살을 통해 세력을 확장하고 있습니다. 예수님이 아니라 인간이 자기의지로 모든 것을 주도하고 있기 때문입니다. 예수님께 더 이상 시온이 없습니다.

종교개혁 시대에는 이 시온을 향한 외침이 루터의 영혼에서 울려 퍼졌습니다. 루터는 사람들이 스스로 의로워지려고 애쓰지 않고 하나님의 은혜에 자발적으로 복종하길 원했습니다. 그 점에서는 루터가 옳았습니다. 하지만 성직제도가 부분적으로 종교개혁 가운데 여전히 남아있었습니다. 너무 많은 사람들이 힘을 갖고 싶어합니다. 하지만 시온에서는 다릅니다. 하나님의 시온은 어느 누구도 통치하는 사람이 없는, 그리스도만이 다스리시는 사람들의 교제입니다. 우리가 시온이 되고자 한다면 예수님만이 다스리셔야 합니다.

우리가 어떤 새로운 것을 기대한다면 시온을 위한 준비가 먼저 되어있어야 합니다. 우리는 모임의 한 구성원으로서 어떤 위치에 있든 오직 하나님만을 섬길 마음을 가져야 합니다. 이렇게 할 때 우리는 하나님 일의 대리자가 되는 것입니다. 우리는 다시금 성경적이 될 수 있습니다. 성경적이 된다는 것은 자유롭게 되는 것입니다. 우리가 이것을 이해할 수 있다면 현실적인 태도를 취하게 될 것입니다. 우리가 이룩해 놓은 것이 무너지더라도 낙심하거나 슬퍼하지 않고 대신 지금까지 우리가 해오던 것을 기꺼이 내려놓고 새로운 기초를 놓기 시작할 것입니다. 예수님은 통치자로 오시길 원하십니다. 그렇게 되려면 그것이 무엇이든 우리 주도권을 포기해야만 합니다. 우리는 새로운 시온을 위해 자신을 무조건적으로 포기해야만 합니다. 자신을 헌신하고자 하는 자는 모든 조건을 포기해야 합니다.

예를 들어 이렇게 말하는 사람이 있습니다. "좋아, 이런 시온을 구할 거야. 하지만 기적이나 표적은 안 돼. 지금 시대와는 어울리지 않아." 그러나 하나님이 새롭게 자신을 계시하고자 하신다면 그것이 어떤 식으로 드러날지라도 여러분의 생각을 포기할수 있어야 합니다. 또 이렇게 말하는 사람도 있습니다. "하나님에 관한 모든 지식은 오직 성경에서만 발견될 수 있어" 그렇다면 그는 하나님의 뺨을 때리는 것과 같습니다. 주인이 누구이십니까? 성경이 하나님보다 위에 있단 말입니까?

또 당신은 이렇게 말할지도 모르겠습니다. "그래 나는 하나님 은혜는 얼마든지 받고 싶어. 하지만 심판은 사절이야." 그러나 심판을 행하고 정의를 드러내는 것이 하나님이 좋아하시는 것이라면 당신은 조건을 달아놓고 짝사랑을 하고 있는 것입니다.

하나님의 시온은 우리가 내세우는 조건들을 부셔 버립니다. 신학자들이 저지르는 가장 큰 실수가 아마도 이런 점일 것입니다. 그들은 하나님이 하실 일에 대해 아주 소소한 것까지 정해놓기 때문입니다. "나는 이 시온을 위해 살겠어. 하지만 편안하고 조용하게 지내고 싶어"라고 조건을 단다면 이제 하나님이 이렇게 대답하실 것입니다. "아니다! 오늘 너는 곤경 가운데서 나를 섬겨야 한다. 모든 것이 잘못되어 있는데 너만 편안하게 앉아 있어선 안 되지 않느냐?" 하나님의 뜻은 고난을 겪는 것인데 우리가 편안하고 행복하게 앉아있을 수 있겠습니까? 우리는 세상 사람들과 달라야 하지 않겠습니까? 우리는 우리 기독교 안에 안주해서는 안 되며, 하나님을 위해 또다시 참된 변화가 있도록 고생을 각오해야 합니다. 하나님이 우리에게 말씀하려고 하실 때 뒷걸음질하면서 "아니요, 그것은 싫습니다"라고 말하겠습니까? 여러분의 대답이 어떠하든지, 실제로 우리가 그렇게 말하고 있습니다. 그래서 하나님께서 시온의 사람들을 발견하지 못하고 있는 것입니다.

잠잠히 우리 자신을 준비하며 시온이 다시 나타나길 열망한다면 새로운 시대가 올 것입니다. 시온이 없이는 모든 것이 모호할 것입니다. 누구든지 이것을 이해한다면 그는 자신을 포기하고 하나님만을 생각할 것입니다. "이제 나는 온 마음으로 시온을 기다릴거야, 나는 하나님이 원하시는 것을 함께 하고 오직 주 예수님만을 생각하는 사람이 될 거야." 하나님의 통치에 우리 자신을 복종하기만 한다면 다른 것은 아무것도 중요하지 않습니다. 내가 심판을 받든, 하나님의 은혜를 받든 아무 상관이 없습니다. '주를 섬기는 것이라면 나의 모든 것을 포기하겠다.' 오직 이 한 가지만이 내 마음에 중요합니다.

경주에서 일등을 하려고 열심을 내는 것처럼 우리도 열심을 내야 합니다. 경주에서는 모두가 달리지만 한 사람만이 우승을 합니다. 하지만 하나님을 향한 열심 때문에 소유와 가족과 모든 것을 바치고 오로지 예수님이 모든 것 가운데 살아계시고 다스리시길 전심으로 갈망하기만 한다면 일등을 하건 꼴지를 하건 문제가 되지 않습니다. 이런 일이 일어나야만 합니다. 언젠가는 온 세상이 예수 그리스도를 경험하게 될 것입니다. 교단에 상관없이 예수 그리스도를 믿는 이들이 하나님의 시온을 향해 불타는 열정을 품는다면 오래지 않아 이런 일이 일어날 것입니다.

주님에게서 그 여자를 보시고, 가엾게 여기셔서 말씀하셨다. "울지 말아라."
그리고 앞으로 나아가서, 관에 손을 대시니, 메고 가는 사람들이 멈추어 섰다.
예수님은 말씀하셨다. "젊은이야, 내가 네게 말한다. 일어나라."
그러자 죽은 사람이 일어나 앉아서, 말을 하기 시작하였다.
예수님은 그를 그 어머니에게 돌려주셨다.

누가복음 7장 13-15절

11
말이 아닌 행동으로
Not Words, but Deeds

위의 성경 내용처럼 예수님이 죽은 사람을 다시 살리신 이야기
누가복음 7장 13-15절를 보면서 우리는 어떻게 반응해야 합니까? 매일
수많은 사람이 온갖 질병과 재해로 죽어나가는 시대에 이 이야기
가 우리에게 어떤 의미를 줄 수 있을까요? 지금까지 실제로 죽은
사람이 다시 살았다는 이야기를 들어본 적이 있습니까? 그렇다면
성경의 이 이야기를 어떻게 받아들여야 한단 말입니까? 예수님을

믿는 사람 중에 이런 일이 오늘날에는 왜 일어나지 않느냐며 진지하게 고민하는 사람이 얼마나 될까요? 우리는 비통한 심정으로 이렇게 물어야 할 것입니다. "예수님은 지금 어디 있습니까? 부활하신 분은 어디 있습니까?" 절망과 고통 속에서 신음하는 인류에게 지금 예수님은 과연 어디서 무엇을 하고 있단 말입니까?

예수님은 우리 마음속에 숨어 계십니까? 그래도 수많은 사람들이 예수님의 이름을 부르고 있는 것을 보면 뭔가 그의 영향력이 아직 남아있는 것은 분명합니다. 하지만 예수님의 능력을 생각해보면 고개를 저으며 한숨지을 수밖에 없습니다. 어디에도 그 흔적을 찾아볼 수 없기 때문입니다. 요즘 우리 기독교가 자랑하는 능력들은 세상에서 흔히 보는 것들과 별반 다를 바가 없습니다. 우리는 죽음을 이기신 예수님의 능력을 어디서도 볼 수 없습니다. 인간의 모든 비참함의 원인이 바로 여기에 있습니다.

우리에겐 아무런 희망이 없는 것처럼 보입니다. 예수 그리스도가 우리 가운데 부활과 생명으로 자신을 드러내실 수 없다면 우리는 다른 사람들과 아무런 차이가 없습니다. 단지 예수님에 대한 신앙이 다른 사람들보다 우월하다는 생각으로 남들을 무시할 권리가 우리에게는 없습니다. 우리는 오히려 땅에 엎드려 회개해야만 합니다. 우리는 앞서 누가복음에서 읽은 것들을 지금 경험할 수 없다는 사실을 부끄러워해야 합니다. 우리는 그 이야기를 보면서 예수님이 부활이요 생명이라는 것을 실제 경험하기는커녕 아무런 놀라움과 충격도 없이 그저 감탄만 하며 지나치고 있습니다. 만약 예수님을 육체로 보내셔서 죽음에서 부활하게 하신 하나님이 지금도 살아 계시다면, 그런 하나님이 예수 그리스도의 부활과 죽은 자를 살리는 능력을 단지 신기한 과거 사건으로 역사에 묻히게 내버려 두신다는 것은 납득할 수가 없습니다.요한복음 11장 25절

　대부분의 기독교인들은 "마지막 날"에 대한 생각으로 스스로 위로합니다. 하지만 이 마지막 날에 일어날 부활에 대한 기대는 게으른 자들의 안락한 도피처일 뿐입니다. 기독교인들은 늘 모든 것을 예수님이 재림하실 마지막 날까지 미뤄놓으려고 합니다. 그것은 마치 "우리가 어떻게 죽든 아무 차이가 없어. 세상은 아무것도 변하지 않아. 우리는 믿기만 하고 새 세상이 올 때까지 버티면 돼"라고 말하는 것과 같습니다. 하지만 이런 안락한 도피처에서 우리는 아무것도 경험할 수 없다는 것을 기억하십시오. 그래서 생명과 부활의 씨앗이신 구원자께서 우리 안에 뿌리를 내리지 못하고 영생의 열매를 맺지 못하는 것도 전혀 이상한 일이 아닙니다.

　이런 저런 전염병이 돌 때마다 우리는 죽음과 마주합니다. 하지만 질병을 일으키는 세균들은 적당한 환경이 조성될 경우만 치명적이 될 수 있습니다. 이렇게 번성한 병균들은 삽시간에 온 몸으로 퍼져 몇 시간 내에 죽음에 이르게 하기도 합니다.

　생명도 마찬가집니다. 예수님을 통해 우리는 생명을 향한 자극을 받습니다. 하지만 이런 자극은 더 이상의 결과 없이 없어지

기도 합니다. 질병이 잠깐 찾아왔다가 악화되지 않고 저절로 낫는 것과 마찬가지로 생명을 향한 자극을 느낀다고 항상 참된 생명에 사로잡혀 생명의 영역까지 나아가는 것은 아닙니다. 특히 오늘날 수많은 생명운동이 예수님의 이름으로 일어나고 있지만 대부분 오래지 않아 사라지는 것을 봅니다. 어디로 눈을 돌려보아도 사람들에게 실제로 생명을 주는 결정적인 돌파구를 찾아볼 수 없습니다. 이런 이유 때문에 나는 내 자신에게 묻곤 합니다. "나는 정말 예수님에 대해 말할 자격이 있는가?" 심지어 나는 이런 성경 이야기를 읽는 것조차 부담스러울 때도 있습니다. 아무런 변화도 찾아볼 수 없는 상황에서 내가 부활하신 예수님을 전할 자격이 있단 말입니까? 어디에서 부활하신 예수님의 능력을 찾아볼 수 있단 말입니까? 비록 생명이 꿈틀대는 것을 여기저기 느낄 수는 있지만 '죽은 자가 다시 살아났다'고 할 만한 일은 없습니다. "봐라, 저기 예수님이 있어. 부활하신 예수님이 있어!"라고 할 만한 사건은 단 하나도 없습니다.

이런 관점에서 보면 우리의 견해나 이론은 그다지 중요하지 않습니다. 실제로 일어난 일에 비해 우리의 신앙과 이론은 터무니없이 부풀려져 있습니다. 어떤 이는 기적을 행하고 죽은 자를 살리시는 승리자 예수님이라는 '블룸하르트식 견해'를 좋아하고, 어떤 이들은 블룸하르트의 그런 견해는 어리석은 것이라 비판합니다. 심지어 어떤 이들은 성경이 모두 옛날 이야기이며 터무니없다고 주장합니다. 다양한 신학적 견해만 난무할 뿐 실제 일어난 일은 완전히 뒷전으로 밀려나 버립니다. 가장 중요한 사건이 많은 토론 속에서 잊혀지게 되는 것입니다.

우리 가운데 다양한 이론이나 해석에 광적으로 매달리는 사람들이 많은데 그러다가 자칫 중요한 사건을 지나쳐버릴 수 있습니다. 나도 이런 일을 수없이 겪었습니다. 내가 경험한 부활에 대해 사람들과 나누고 싶어 말을 꺼내면 이렇게들 말합니다. "그건 다르게 설명할 수도 있어요. 그런 일은 병원에서도 일어나요. 누구나 다 경험하는 거 아닌가요?" 이런 장벽들이 우리 마음 속에 버티고 있기 때문에 어떤 식으로 말하더라도 우리는 아무 일도 일어나지 않은 것처럼 살아갑니다. 이게 현실이라면 "우리가 예수님을 전할 자격이 있습니까?"라고 묻는 것도 당연합니다. 예를 들어, 성경에 있는 보화마태복음 13장에 나오는 예수님의 비유에 대해 그저 멋지게 해석하고 설명해주는 것이 즐거운 일이라고 생각하십니까? 만약 하나님께서 허락하신다면 나는 차라리 성경을 모르며, 누구도 나의 가르침에 관심 갖지 않았으면 좋겠다고 말하고 싶습니다. 내가 신학에 대해서 아무 것도 알지 못하고 오히려 단순하게 진실한 삶을 보여주고 증명할 수 있다면 차라리 좋을 것입니다.데살로니가전서 1장 5절 예수님은 마음이 단순하고 굶주리고 목마른 자들에게 더욱 분명하게 나타나십니다. 예수님은 이론이 아니라 행함으로 세상을 새롭게 만드시길 원하십니다.

여러분이 이 한가지만이라도 제대로 이해할 수 있으면 얼마나 좋을까요? 예수 그리스도는 수많은 이론의 주제 정도로 전락해버렸습니다. 그리고 우리가 겪는 끔찍한 불행의 원인이 여기에 있습니다. 그러므로 나는 당신이 살아계신 그리스도를 얻기 위해 모든 것을 버리고, 당신이 배운 모든 것과 느끼는 것과 관심 갖는 모든 개념과 이론들을 버리기를 간절히 소망합니다.빌립보서 3장 7-11절 나는 목숨이 다할 때까지 외칠 것입니다. 예수 그리스도는 오늘날 모든 사람들이 생각하는 것과 완전히 다른 분이라고 말입니다. 사람들이 예수 그리스도에 대해 알고 있는 것들은 전혀 유익이 되지 못하며, 그분과 연관해서 하는 모든 것들이 오히려 끔찍한 재앙이 될 수 있습니다. 사람들은 예수님에 대한 이론으로 머리를 가득 채우면서 예수님의 살아있는 실재는 놓치고 맙니다. 독실한 신자들은 지금도 예수 그리스도를 죽이고 있습니다. 아마도 그들은 내 말을 듣기 싫어할 것입니다. 하지만 나는 누가 반대하더라도 이렇게 외칠 것입니다. 예수 그리스도는 오늘날 우리에게 선포된 예수님과 완전히 다릅니다! 그분은 토론의 주제가 아니라 하나님의 일을 행하시는 살아계신 분입니다. 예수 그리스도는 이천 년 전과 마찬가지로 지금도 부활하시는 분이기 때문에 그 당시처럼 지금도 기적이 일어납니다.요한복음 14장 12절 진심으로 예수님을 믿는 자는 이것을 실제로 경험하게 될 것입니다. 누구라도 이것을 믿지 않는다면 예수님에 대해 이론적으로 아무리 잘 믿더라도 그는 아직 그분을 조금도 이해하지 못하고 있는 것입니다. 그런 사람은 불신앙으로 예수님을 죽이는 자들과 똑같이 예수님을 죽이는 것입니다.

그렇다면 이제 어떻게 하겠습니까? 사람들은 내게 이렇게 말할 것입니다. "당신 마음대로 떠들어도 좋소. 하지만 당신이 죽고 사라지면 사람들은 당신을 잊게 될 것이오!" 그렇기 때문에 더욱 나는 말하지 않을 수 없습니다. 우리가 읽은 이야기는 그저 한 번 놀라고 말 이야기가 아닙니다. 이것은 죽은 자의 부활에 대한 그럴듯한 개념도 아닙니다. 이것은 실제적인 이야기입니다. 이것은 아주 현실적인 이야기입니다. 이 이야기가 지금 우리에게 충격을 주지 않으면 우리에겐 소망이 없습니다.

이런 맥락에서 나인_{신약성서 누가복음 7장 11-15절에 나오는 예수님이 기적을 행한 이스라엘에 있는 지명}이란 마을에 살았던 젊은이에 관한 이야기를 한번 되새겨봅시다. 그 당시 서기관과 바리새인들은 예수님의 활동을 억압하고 그의 영향력을 잠재우려고 혈안이 되어 있었습니다. 그런 상황에서도 예수님의 생명의 숨결은 한 과부의 집으로 흘러들어갔습니다. 그녀는 아들의 죽음에 대해 염려하면서 아들 주위에서 따뜻하게 보살폈습니다. 하지만 아들은 예수님을 만나고 싶은 열망으로 불타올랐습니다. 젊은이들에게서 흔히 찾아볼 수 있는 강하고 진실한 열정으로 그 아들은 생각했습니다. '나는 예수님을 만나고 싶어! 그 분은 정말 대단한 분이셔! 그 분에 대해서 들은 수많은 이야기들로 나는 너무 기대돼.' 아들은 너무나 예수님을 만나고 싶은 나머지 병이 날 지경이었지만 어떻게 해야 할지 알지 못했습니다.

그러다가 그 젊은이는 죽습니다. 사람들이 그를 메고 지나갈 때 예수님이 지나갔고, 젊은이의 굶주린 영혼은 그 허기를 달랠 수 있게 되었습니다. 그는 다시 살아나야만 했습니다. 그 젊은이는 예수님에 의해 감염된 것입니다. 예수님이 그 젊은이에게 다가가면서 하나님의 아들 예수 그리스도의 온 생명이 그 젊은이를 사로잡게 됩니다. 토양이 준비된 것입니다. 과학이 설명할 수 있건 없건 간에, 그 아들은 다시 살아났습니다.

우리가 부활하신 분을 경험하길 원하고 오실 이를 전심으로 기다린다면, 우리 편에서 할 일을 해야 합니다. 예수님이 오셨을 때 그분을 맞이할 수 있는 뭔가가 우리 안에 준비되어 있어야만 합니다. 그렇게 되면 우리가 육체 안에 있건, 밖에 있건 간에 우리는 살아날 것입니다. 중요한 것은 예수님이 우리에게 다가오실 때 그분을 만나기 위해 우리 안에 싹이 날 준비가 된 씨앗이 있어야 한다는 것입니다.

나는 지금 많은 기적이 일어나도록 기도해야 한다고 말하는 것이 아닙니다. 결코 아닙니다. 죽은 사람, 그 속에 생명이라곤 없는 진짜 죽은 사람에게는 그런 일이 결코 일어나지 않습니다. 중요한 것은 이 땅위에 어떤 참되고 온전하고 살아있는 무엇이 존재한다는 사실입니다. 우리는 지금도 살아계시는 그리스도의 임재에 전염되어야 합니다. 그렇지 않으면 하나님의 일은 결코 일어나지 않을 것입니다. 우리 구원자께서는 우리 안에서 부활과 생명이 되길 원하시며, 그저 우리 머릿속의 개념이 아니라 실제 사실이 되길 정말로 바라십니다.

당신이 내가 하는 말의 뜻을 이해한다면 당신 자신을 철저히 내려놓으십시오. 우리 개인적인 욕망이나 바람이 조금이라도 섞이면 안 되기 때문입니다. 기적을 바라는 우리의 소망은 전적으로 부차적입니다. 단 하나의 가치 있는 소망은 예수 그리스도를 만나는 것이어야 합니다. 예수님은 아버지에게서 오셨고 다시 오시기 때문입니다. 오직 단 하나의 소망만이 의미가 있습니다. 예수님의 능력과 성품이 다시 한 번 이 땅에서, 내 안에서건 중국 사람들 안에서건 그 누구 안에서건 또 다시 실현되는 것입니다. 중요한 것은 우리가 예수님을 다시 한 번 진짜 예수님의 모습으로 이해하는 것입니다. 이런 소망이 우리 마음속에서 불타올라야 합니다. 이것이 없다면 우리는 죽은 것입니다. 이런 열망 가운데 우리 자신을 잊고, 질병과 유혹과 고난 가운데서 오직 하나님이 역사하시기를, 예수님이 통치하시기를 갈망해야 합니다. 탄식하며 예수 그리스도를 갈망하는 것, 이것이 내가 현실적으로 이해하는 부활의 실제 모습입니다.

사람들은 사망을 어떤 죽은 개념정도로 오해하고 있습니다. 하지만 사망은 살아있는 박테리아처럼 어디든 번식할 곳을 찾습니다. 사망은 몸만 죽이는 것이 아니라 정신과 영혼을 죽입니다. 사망은 "살아있는" 어떤 실체이며, 우리는 이 사망의 생명력을 더 깊이 인식할 필요가 있습니다. 이것에 대해 더 말하지 않겠습니다. 아마도 여러분 중에는 오래전에 이미 이것을 감지한 사람도 있을 것입니다. 나는 단지 이 사망이 얼마나 맹렬하게 살아 활동하는지 암시를 줄 수 있을 뿐입니다.

하지만 우리가 이 사망의 힘을 감지할 때 반드시 기억해야 할 것은 우리에게 예수님이 필요하다는 사실입니다. 왜냐하면 어떤 교리나 제도나 신학도 이 사망의 박테리아를 죽일 수 없기 때문입니다. 교회에서 종교적으로 얼마나 많이 배우고, 성경구절을 얼마나 많이 암송하건 사망의 세력을 이길 수 없습니다. 우리는 더욱 불타는 열정으로 가득차야만 이 박테리아를 죽일 수 있습니다. 하늘의 것과 이 세상의 것을 구별할 때, 죽음의 생명과 하나님의 생명을 구분할 때 이런 열정과 열심을 얻을 수 있습니다. 이런 구별을 하는 사람만이 진정으로 예수 그리스도가 다시 한 번 나타나셔서 우리를 이 사망의 세력에서 구원하시기를 소망할 수 있습니다. 사람들이 왜 모든 것을 포기할 수 없는지 나는 이해할 수 없습니다. 왜 사람들이 예수 그리스도가 나타나시길 열정적으로 갈망하지 않는지 나는 이해할 수 없습니다. 하나님의 역사를 갈망하는 불타는 열망으로만 오로지 사망을 완전히 죽일 수 있습니다.

우리가 지치지 않도록 하나님이 힘을 주시며 우리를 깨끗케 하시길 기도합니다.요한일서 3장 3절 하지만 우리 앞에 싸움이 기다리고 있습니다. 비록 세상에서 이런 말을 하는 사람이 나 혼자일지라도 저는 말하겠습니다. "이 세상에서 가장 중요한 문제는 바로 예수 그리스도의 생명입니다." 그밖에 어떤 것도 중요하지 않습니다. 살아계신 그리스도를 위한 싸움에서 우리는 인내해야 하며, 이 그리스도만을 얻고자하는 열망이 더욱 불타올라야 합니다. 왜냐하면 그리스도는 우리 교회가 가르치는 예수님과 완전히 다른 분이기 때문입니다. 우리가 이런 불타는 갈망으로 인내한다면 조금이나마 죽음이 멸망하는 것을 경험할 수 있을 것입니다. 또한 하나님의 미래의 생명의 물결이 세상 모든 사람들에게 흘러가는 것을 경험하게 될 것입니다. 그렇게 되면 우리의 현재 상황이 얼마나 보잘것없고 하찮은 것인지 알게 될 것입니다. 이것은 조금 좋아지는 문제가 아니라 완전히 새롭게 되는 문제입니다. '죽은' 사람들을 돌보는 문제가 아니라 우리 모두가 새로운 사람이 되는 문제입니다.

우리가 이것을 경험할 수 있도록 하나님께서 허락하시기를!

내가 바라는 것은, 그리스도를 알고, 그분의 부활의 능력을 깨닫고,
그분의 고난에 동참하여, 그분의 죽으심을 본받는 것입니다.
그리하여 나는 어떻게 해서든지, 죽은 사람들 가운데서
살아나는 부활에 이르고 싶습니다.

빌립보서 3장 10~11절

12
그리스도의 부활의 능력은 지금도 계속됩니다
Christ is Rising

그리스도를 개인적으로 만날 때 비로소 우리는 새로운 세계로
들어갈 수 있습니다. 우리는 실제적으로 그리스도께 다가가야 합
니다. 그저 성경에서 그에 대해 읽고 "예수님은 훌륭한 선생이며
너무 아름답고 좋은 말씀을 하셨어. 그것들을 실천하려고 열심히
노력하고 예수님을 본받을 거야. 그분은 좋은 사람이며 하나님의
아들이야"라고 인정하는 것에 그쳐서는 안 됩니다. 그 정도만 해
도 어느 정도 좋은 그리스도인이 될 수는 있겠지만 그보다 더 나
아가야 합니다. 우리 마음과 정신은 또 다른 영역sphere으로 나아

가야 합니다. 그리고 그 토대 위에서 우리는 완전히 다르게 살 수 있고, 삶을 재조정할 수 있습니다.골로새서 3장 1-4절

그렇다면 사람들이 어떻게 해야 변화될 수 있습니까? 인간적으로 가능한 모든 방법들은 모두 실패한 것처럼 보입니다. 사람들의 도덕과 가치를 바꾸기 위해 우리가 했던 모든 것들은 아무런 효과가 없었습니다. 우리 앞에는 무시무시한 어둠이 있고 거기에서 무서운 세력이 끊임없이 튀어나와 인간을 짐승보다 못한 수준으로 타락시키고 있습니다. 모든 화려한 문명과 놀라운 기술 과학의 발전에도 불구하고 인간 본성은 여전히 엄청난 어둠에 사로잡혀 있습니다.

하지만 우리의 소망은 인간의 개념에 근거한 것이 아닙니다. 그간의 모든 시도는 실패했습니다. 우리의 소망은 죽음에서 살아나셔서 하나님 우편에 앉아계시는 한 분에게서 나옵니다.히브리서 10장 12절 그분은 하나님의 권능으로 다스리시며 심판하실 것입니다. 그 분은 승리자입니다. 이 땅에 속한 것들은 모두 여전히 연약함에 갇혀있습니다. 예수님도 인간의 모든 약함과 한계를 짊어지셔야 했습니다. 하지만 예수님은 부활하셨습니다. 예수님은 이제 더 이상 인간으로서 가지는 약함 속에 묻혀있지 않으십니다. 예수님은 모든 어둠으로부터 온전하게 부활하셔서 영광스러운 빛의 주로 나타나셨으며, 어둠에 둘러싸인 인간에게 생명을 주실 권능을 갖고 계십니다.

이것이 우리가 알고 싶어 하는 부활의 모습입니다. 부활은 단

지 과거의 사건이 아니며, 그저 교리적으로 믿는 것이 아닙니다. 그리스도가 죽었다가 다시 살아나셨다는 것을 인정하는 것만으로는 별 유익이 없습니다. 많은 사람들이 부활을 믿는다고 하지만 그럼에도 지옥으로 갈 수 있는 것입니다. 이런 믿음은 예수님을 주主로 인정하지 않는 한 아무런 도움이 되지 못합니다. 차라리 그리스도가 죽음에서 다시 사신 것을 믿지 못하겠다고 말하는 사람이 있다면 그게 더 낫습니다. 적어도 그는 부활이 쉽게 인정하기에는 너무 엄청난 사건이라는 것을 이해하고 있기 때문입니다. 무엇보다 슬픈 일은 오늘날 너무나 많은 사람이 부활을 믿는다고 주장하지만 그것이 그들에게 별 의미를 주지 못하며 그들 삶에 아무런 영향을 끼치지 못한다는 사실입니다. 하지만 과거에 예수님의 죽음 이후에 부활이 있었던 것처럼 지금도 부활이 있습니다. 비록 부분적이지만 우리의 내면은 대개의 사람들이 두려워하는 완전히 다른 세계를 경험할 수 있습니다. 전혀 다른 세상을 산다고 느낄 수 있을 정도로 부활의 경험은 아주 실제적입니다.

그리스도와 함께 하는 사람은 세상을 악하다고 포기하지 않으며, 어떤 사람에게도 나쁜 감정을 품지 않습니다. 고린도전서 5장 9-10절 그는 악한 행동에도 기분 상하지 않으며, 오히려 이 땅의 것들과는 전혀 다른 거룩한 능력, 거룩한 생각 그리고 거룩한 정신이 있다는 사실에 벌써부터 어린아이와 같이 즐거워합니다. 그리스도 안에 있는 사람은 이런 거룩한 능력을 다양하고 풍성하게 경험하며 그것을 당연하게 여깁니다. 정말로 다른 이들은 상상도 못할 생명의 능력을 경험할 수 있습니다. 이것이 바로 그리스도와 함께 다시 살아난다는 의미입니다. 우리는 자신의 유익이 아닌 이웃과 온 세계의 유익을 위해서 부활을 경험해야 합니다. 그러므로 세상을 포기하지 맙시다. 우리 자리는 이 세상 한복판이며 가장 가난하고 낮은 자들 한 가운데 있습니다. 모든 것이 우리가 경험하는 거룩한 능력으로 변화될 수 있다고 믿기 때문입니다.

우리의 할 일은 오직 그리스도 안에 있는 부활의 능력을 아는 것입니다. 당신은 많은 인간적인 힘들을 볼 수 있습니다. 여기저기에서 비교적 선하고 멋진 것들도 많이 볼 수 있습니다. 그러나 모두 다 결함이 있으며, 세상의 악을 이기기에는 역부족입니다. 우리는 이 세상 가운데서는 찾아볼 수 없는 강력한 생명의 능력을 바라보아야만 합니다. 그리스도 안에 계시된, 하나님 안에서만 나타나는 이 놀라운 생명과 능력은 보이지 않는 영역에서 끌어내려져 우리가 경험할 수 있어야만 합니다. 이 능력은 우리로부터 그리 멀지 않은 곳에 있습니다. 왜냐하면 그리스도 안에서 하나님이 육신이 되셨기 때문입니다. 그리스도는 거듭거듭 다시 부활하십니다. 하나님은 우리에게 부활하신 그리스도를 알게 하시고 모든 것을 완전히 새롭게 바꾸길 원하십니다. 하나님의 뜻은 하늘에서처럼 이 땅에서도 이루어져야 합니다. 그렇지 않으면 우리는 하나님을 실제로 알 수 없을 것이며, 새롭게 변화된다는 것은 상상도 할 수 없을 것입니다. 사람들은 그리스도의 부활의 생명이 어떤 영적인 것이며 인간이 이해할 수 없는 것이라고 생각합니다. 하지만 결코 그렇지 않습니다. 예수님의 부활의 능력은 우리가 이해할 수 있고 경험할 수 있습니다.

새로운 가능성들이 동이 트는 것처럼 우리 위에 비추고 있습니다. 우리가 몸이나 영으로 이 새로운 가능성을 더욱 강하게 느낄수록 우리는 더 크고 위대한 것을 이 땅에서 구하게 될 것입니다. 사실상 거기에는 어떤 한계도 없으며, 우리는 모든 것이 변화될 수 있다는 소망을 가질 수 있습니다. 우리 일상생활과 직장 등 우리와 관련된 모든 것 속에서 변화의 소망을 품을 수 있는 것입니다. 하나님으로부터 오는 능력은 우리의 삶에 들어와 모든 것을 변화시킬 준비가 되어있기 때문입니다.

그러므로 우리 관심을 어둠과 악과 이 땅의 불완전함으로 돌리지 말아야 합니다. 우리는 이런 저런 문제가 어떻게 결말이 날지 미리 알려고 애쓰지 말아야 합니다. 그런 것들은 우리와 관련이 없습니다. 우리가 할 수 있는 것은 그저 예수님이 그분의 부활의 능력을 우리에게 넘치도록 주셔서 위로부터 오는 하늘의 능력이 우리가 하는 모든 일에 임할 때까지 기도하는 것뿐입니다.

늘 하던대로 인간적인 방식을 동원한다면, 아무리 숭고한 목표를 추구해도 우리는 아무것도 이룰 수 없습니다. 경이로운 사랑의 봉사조차 허사로 돌아갈 것입니다. 만약 누군가에게 도움을 주고 싶다면 그리스도께서 주신 힘으로 해야만 합니다. 그처럼 우리는 가려져 드러나지 않아야 합니다. 하나님은 오늘날 사람들이 생각하는 것처럼 세상에 그렇게 공공연하게 모습을 드러내시지 않습니다. 그리스도와 교제하며 하늘의 능력을 잘 알고 있는 사람들이 있지만 그 능력은 그들 안에 숨겨져서 드러나지 않습니다. 성육신하신 그리스도처럼 말입니다. 오직 믿음의 눈으로만 하나님의 능력이 역사하는 것을 알 수 있습니다.

모든 일들에 방법과 수단이 필요하다는 사람들, 세상의 어두움에 대항하여 무엇을 할 것인지 결정할 때에 사람들의 이해를 구해야한다는 사람들, 그 사람들의 생각은 옳지 않습니다.에베소서 6장 10-18절 우리가 어떤 문제를 그같이 해결하려고 한다면, 우리는 패배합니다. 우리가 그간 해오던 방식과 성과를 통해서는 절대로 이 세상을 기독교 정신으로 바꿀 수 없을 것입니다. 우리가 가진 힘으로만 그 일을 할 수 있다고 생각한다면 하나님이 하시는 일을 망치는 결과를 낳을 것입니다. 우리 편에서 할 수 있는 것은 이것뿐입니다. "구하라! 위의 것을 찾아라!" 이것은 잠자코 기다리며 해야 하는 것이기에 쉽지 않습니다. 하지만 우리가 하나님 앞에 서서 "하늘에 계신 아버지, 아버지의 권능을 보여주시옵소서. 우리에게 매일 그리고 언제나 당신의 능력을 주소서. 나는 당신만을 위해서 살 것입니다. 위에서 오는 능력, 새 생명을 늘 경험하게 하소서. 그리스도의 부활의 생명이 우리 안에서 그리스도의 영광이 드러날 때까지 더욱 강력해지게 하소서"라고 기도한다면 우리에게 강한 능력이 주어질 것입니다.

이것이 우리의 할 일입니다. 우리는 믿는 자에게 새로운 능력이 주어진다는 확신을 가지고 기쁨 가운데 생활하기만 하면 됩니다. 그러면 하나님의 능력이 우리와 부활을 경험한 모든 사람을 통해 이 땅에 드러날 것입니다. 그러므로 이런 하나님의 능력을 조금이라도 경험한 사람은 끝까지 소망을 붙잡아야만 합니다. 우리는 더 이상 어두운 면을 보지 말고 부활을 우리 삶의 가장 중요한 현실로 바라보아야 합니다. 우리가 추구할 것은 그것뿐입니다. 그렇게 함으로써 우리는 그리스도가 영광 중에 나타나실 그날을 앞당기는데 힘을 더할 수 있을 것입니다.

내가 주님을 늘 찬양할 것이니, 주님을 찬양하는 노랫소리,
내 입에서 그치지 않을 것이다.
나 오직 주님만을 자랑할 것이니, 비천한 사람들아, 듣고서 기뻐하여라.
나와 함께 주님을 높이자. 모두 함께 그 이름을 기리자.

시편 34편 1-3절

13
당신은 어느 편에 설 것입니까?
What Do You Stand for?

"내가 주님을 늘 찬양할 것이니"라고 시편 기자는 외칩니다. 이 성경 구절은 우리가 편안하고 안락한 상황에서 즐겁게 암송할 수 있는 말씀이 아닙니다. 이스라엘에게 이 구절은 고통과 유혹의 한복판에서 터져 나오는 치열한 함성이었던 것입니다. "주님의 천사가 주님을 경외하는 사람을 둘러 진을 치고, 그들을 건져 주신다. 너희는 주님의 신실하심을 깨달아라. 주님을 피난처로 삼는 사람은 큰 복을 받는다. 주님을 믿는 성도들아, 그를 경

외하여라. 그를 경외하는 사람에게는, 아무런 부족함이 없을 것이다."시편 34편 7-9절.

이스라엘이 경험한 하나님은 의로운 하나님입니다. 예를 들어, 하나님은 그의 백성을 의와 진리로 이끌기 위해 권능을 사용하셔서 이집트에서 구출합니다. 하나님은 큰 자비와 사랑으로 그의 백성을 열방을 위한 축복으로 삼기 위해 이집트의 속박에서 구원합니다. 마치 아이를 돌보는 어머니처럼, 하나님은 이스라엘 백성을 광야에서 먹이시고 재우고 이끄셨습니다.

물론 하나님께서 이스라엘 백성들을 계속해서 그런 식으로 돌보신 것은 아닙니다. 이스라엘 백성은 스스로 책임도 지고 심판도 받아야 했습니다. 그들은 고난의 학교를 통과해야 했고 유혹도 이겨내야 했습니다. 의와 진리의 하나님을 주변 나라와 부족사회가 행하는 관습에 끼워 맞출 순 없습니다. 설령 다른 나라들의 관습이 행복을 가져다주는 것처럼 보인다 할지라도, 하나님은 그의 백성이 다른 나라들의 관습과 생활을 따라서 타락해가는 것을 원하지 않으십니다. 하나님의 백성은 다른 나라들과 차별된 백성이 되어야만 합니다.

이렇게 되기 위해선 불편과 어려움을 감수해야했기 때문에 이스라엘 백성 가운데는 불평하고 거역하는 자들이 생겼습니다. 때로는 그 숫자가 너무 많아서 이스라엘 안에서 거리낌 없이 이방신의 신전을 세우고 제사를 지내는 상황까지 가기도 했습니다. "이것도 역시 종교가 아닙니까? 종교가 다 똑같은 게 아닙니까?"

사람들은 이렇게 변명했습니다. 하지만 의의 하나님은 악한 종교는 말할 것도 없고 어떤 '종교'도 용납하지 않으셨습니다. 이스라엘 백성은 하나님께서 다른 종교를 용납하지 않는 것을 좋아하지 않았습니다. 다른 민족들을 강하게 만들고 대단한 문명을 세우게 만든 것들이 다 틀렸다니 이해할 수 없었습니다. 그래서 불평하며 하나님을 등지고 말았습니다. 하지만 그 중에는 "내가 하나님을 찬양하며, 그의 진리와 의를 따를 것입니다. 모든 사람이 불평하고 거역하더라도 내가 여호와를 항상 찬양하며 내 입술로 항상 주를 찬양할 것입니다"라고 말하는 이들이 있었습니다.

이스라엘에는 그런 전사들이 있었으며, 우리도 그런 전사가 되어야 합니다. 왜냐하면 오늘날도 그 당시와 마찬가지로 하나님이 우리에게 요구하는 것은 우리를 불편하게 하며, 우리는 여전히 자신을 위해 하던 것들과 익숙해진 모든 것을 다 버려야 하기 때문입니다. 우리 가운데에도 역시 하나님께 불평하고 거역하는 이들이 있기 마련입니다.

오늘날 이 세대 위에 하나님의 심판이 있습니다. 진리의 손가락이 우리 전통과 종교에 대해 거짓과 잘못을 지적하고 있습니다. 의의 손가락은 양심의 소리를 따라 돌이키라고 요구합니다. 역사적으로 볼 때 어떤 민족이든 나라든 커다란 사건 없이 수십 년 이상 평화롭게 살게 되면 전통과 관습이 너무 안락해지고 편안해지게 됩니다. 결국에는 이런 인간 문명이 하나님의 자리를 대신하게 되고, 사람들은 자신들이 세운 사회제도가 뒤집히면 모든 게 무너질 거라고 믿기 때문에 그것을 지키는데 온 힘을 쏟게 됩니다. 우리는 너무 비겁해져서 하나님의 의를 위해 싸우지 못하게 됩니다. 또한 죄악을 눈감아 버리고 불의에 익숙해져서 어떤 것도 용납하게 됩니다. 세상에 불의가 가득하고 고통이 넘쳐도 관심이 없으며 아무 일 없다는 듯이 살아갑니다. 진리와 의를 요구하는 정의의 목소리가 울리면 그 소리를 오히려 비난하고 반박합니다.

하지만 예수 그리스도 안에서 계시된 하나님이 정치와 사회, 전통과 교회와 학파와 교단의 하나님이 아니라 정의와 진리의 하나님이라는 것을 우리는 잊지 말아야 합니다. 물론 정치와 사회, 전통과 교회와 학파와 교단과 같은 것들도 가치는 있습니다. 그러나 이러한 것들은 잘못된 길로 갈 수 있다는 것을 역사는 보여줍니다. 오랫동안 유지된 제도들은 처음에는 나름 선하지만 시간이 갈수록 원래 목표를 잃어버리고 타락해갑니다. 그것은 종교도 마찬가집니다. 오직 하나님만이 변화를 가져오십니다. 하나님이 이루시는 변화는 언제나 사람들을 불편하게 만듭니다.^{마태복음 10장 34절} 그럼에도 불구하고, 우리가 하나님을 섬기기 원하면, 우리는 무엇이 의롭고 공평한 것인지를 알아야만 할 것입니다.

관습과 전통 뿐만 아니라 사회자체가 변하고 있는, 이 불안한 시대에 우리는 한 가지를 기억해야 합니다. 그것은 바로 하나님이 정의로우시다는 것입니다. 우리는 자유로워야만 합니다. 모든 상황이 급격하게 변할 수 있기 때문에 우리는 어디에도 얽매이지 않고 자유로워야 합니다. 정의의 하나님이 여기에 계십니다. 진리의 하나님은 모든 죽은 것들과 타락한 것들을 정복하십니다. 하나님을 예배하는 자는 영과 진리 안에서 예배할 것입니다.요한복음 4장 23-24절

우리가 그러한 사람이 된다면 세상의 어떤 소용돌이도 우리를 삼키지 못할 것입니다. 깊은 고요함 속에서 우리는 영원한 반석에 이를 것입니다. 모든 교파와 분파들은 하나님의 명예를 훼손시키는 것입니다. 이제 종교적인 모양이 아니라 진실하고 의로운 마음으로 하나님 앞에 서야할 때입니다. 진리의 주이신 예수 그리스도는 이 땅에서 인간적인 것은 그것이 아무리 선해 보일지라도 완전히 쓸어 없애실 것입니다. 왜냐하면, 마지막에 하나님나라는 지금 우리가 하듯이 우리를 여러 집단으로 나누지 않을 것이기 때문입니다. 그때 모든 것은 이 질문으로 결정될 것입니다. "당신은 무엇을 위해 싸우고 있습니까? 옳은 편에 설 것입니까? 당신의 교회나 분파가 아니라 우리 삶을 바꿔버릴 진리 편에 설 것입니까?"

우여곡절이 많은 우리 인생에서 이 문제는 매우 중요합니다. 불평하고 거역하는 사람은 어디에도 있습니다. 사람들은 일이 잘 풀리지 않으면 모든 걸 하나님이나 세상 탓으로 돌립니다. 하지만 진정한 전사는 여기서 드러납니다. 어려울 때 하나님이나 세상을 탓하는 자는 "내가 주님을 늘 찬양할 것이니, 주님을 찬양하는 노랫소리, 내 입에서 그치지 않을 것입니다."라고 고백할 수

없습니다. 하지만 자신이 의롭지도 선하지도 않기에 고난을 겪는다고 여기며 모든 책임을 자신에게 돌리는 이들이 있다면 담대한마음으로 이렇게 고백할 수 있을 것입니다. "우리는 우리 하나님의 의가 이뤄지길 원합니다. 우리는 어떤 상황 속에서도 하나님의 의를 위해 싸울 것입니다." 우리가 우리 자신을 연민하고, 방어하고, 변명하는 것을 멈추고 어디서부터 잘못되었는지 언제 우리 자신들이 옴짝달싹 못하게 되었는지를 안다면, 또 하나님이나세상이 아니라 우리에게 모든 잘못이 있다고 알고 있다면, 우리는하나님의 정의와 진리가 오도록 그의 길을 준비하는 사람들일 것입니다.

우리가 짐작하기 어려울 만큼 이 세상의 많은 부분이 인간에의해 지어진 것이라는 점을 잊지 맙시다. 인간은 이익을 위해 이세상에서 어떤 것이든 만들어 낼 수 있습니다. 철학적인 세계, 사회적인 세계, 또 민족주의적인 세계도 만들어 낼 수 있습니다. 그뿐만 아니라 우리는 기독교적인 세계도 만들 수 있습니다. 인간이 만든 세상은 결코 하나님의 세상이 아닙니다. 우리가 제대로세상을 보게 된다면, 엄청난 영향력을 가진 악이 우리에게 궁핍과 비참함을 가져올 때조차도 그 책임은 우리에게 있다는 것을알게 될 것입니다. 죄로 가득한 세상은 하나님의 나라와 함께 나란히 세력을 키워왔습니다. 세상을 다스리고 유지시키고 있는 것은 하나님의 영이 아닌 바로 인간적인 생각human spirit입니다. 우리가 만든 세상의 것들을 사랑한다면 우리는 하나님의 세계를 볼 수 없습니다. 우리 자신의 세상에 집착하며 우리의 생각과 욕망을 중심에 둔다면, 우리는 하나님의 것을 볼 수 없으며 그의 의롭고 참된 기초를 발견할 수 없을 것입니다.

하나님의 통치를 경험할 수 없게 만드는 것이 바로 이 비극적인 자기의自己義이며 하나님을 두려워하지 않는 삶입니다. 모두다 우리가 쌓아 올린 세상 때문입니다. 사람들은 수많은 작은 세상들 속에 갇히고 둘러싸여 자신들이 만들어 놓은 것들을 통해서만 희미하게 하나님을 볼 수 있을 뿐입니다. 오늘날 종교계에서 유명한 사람들조차도 자신의 세상에 갇혀서 하나님의 본질을 경멸하게 되는 것도 다 이런 이유에서입니다. 우리가 만들어 놓은 세상 때문에 더 이상 참된 것을 알아볼 눈이 없기에 옳은 것을 내쫓는 것도 가능해지는 것입니다. 하나님이 단지 우리가 만든 세상을 보호하시려고 존재한다고 생각하십니까? 말도 안 됩니다. 하나님은 이런 우리의 기만을 다 알고 계십니다. 사람들은 하나님이 사랑이 많으시기에 우리가 고통 받지 않게 하시려고 인간의 어리석은 짓거리들을 용납하고 지원하셔야 한다고 생각하는 것 같습니다. 하지만 하나님의 사랑은 의로운 사랑이며 진리의 사랑이지 거짓까지 사랑하는 사랑이 아닙니다!

불평하지 말고 강퍅해지지 맙시다. 우리 인간의 세상은 오래 가지 못하고 무너질 것입니다. 하지만 하나님을 찬양하십시오. 의의 하나님을 굳게 붙들고 하나님의 세계를 위해 애쓴다면 이 육적인 인간 세상이 무너질지라도 우리는 기뻐할 수 있습니다.

이런 마음과 태도와 노력 속에서 우리는 하나님나라가 전진하는 것을 경험하게 될 것입니다.

얼마 전에 어떤 사람과 종교에 관한 대화를 나눈 적이 있습니다. 그는 주저하지 않고 이렇게 말했습니다. "종교에는 아무런 진보도 없습니다. 역사를 통해 알 수 있습니다. 늘 제자리입니다. 종교는 정체해 있습니다." 그의 말에 충격을 받았지만 나는 곧 인정할 수 밖에 없었습니다. "그래요, 당신이 맞습니다." 그러나 진리에는 진보가 있으며 진리는 생명과 의義와 연관되어 있습니다. 어떤 기술의 발전도 생명의 진전을 가져올 수 없으며 인간을 의롭게 만들 수 없습니다. 하지만 하나님나라는 전진하고 있습니다.

용기를 잃지 맙시다. 항상 하나님을 찬양합시다. 우리는 이런저런 사소한 일에 매달리지 말고 다가올 하나님나라의 기초를 놓는데 우리가 가진 모든 것을 쏟아 부어야 합니다. 마지막 날에 하나님께서는 인간의 행위를 심판하실 것입니다. 만약 그들의 행위가 좋고 가치 있는 것이라면 그것은 깨끗하게 되고 영원히 유지될 것입니다. 그러나 그들의 행위가 그렇지 않다면, 은혜와 자비없이 사라질 것입니다. 불의한 모든 것은 사라질 것입니다. 그러나 옳고 진실한 것은 영원히 견딜 것입니다.

너희는 허리에 띠를 띠고 등불을 켜놓고 있어라.
마치 주인이 혼인 잔치에서 돌아와서 문을 두드릴 때에,
곧 열어 주려고 대기하고 있는 사람들과 같이 되어라.

누가복음 12:35-36

14
깨어서 일할 준비를 하고 있으십시오
Get Ready for Action

하나님나라의 도래에 대해 사람들이 별로 관심이 없다는 사실은 놀랄 만한 일이 아닙니다. 하나님나라는 적은 수만이 그 가치를 아는 보화이며 사람들 대부분은 그저 눈 길 한번 주고 스쳐지나갈 뿐입니다. 물론 오늘날도 하늘을 보며 "하나님 도와주세요!"라고 부르짖는 사람들이 많이 있습니다. 하지만 이들은 하나님나라를 위해 탄식하는 것이 아니라 단지 어려움에 처했을 때 도와달라고 기도하는 것뿐입니다.

주님께서 자신의 골치거리를 빨리 없애주시는 것 외에 그들은

아무것도 바라지 않습니다. 하지만 이런 태도로는 하나님의 일을 수행할 수 없습니다. 하나님의 일을 생각할 때는 우리 자신의 관심을 내려놓고 예수 그리스도의 관심에 집중해야 합니다. 이것은 그저 우리의 신앙 성숙에 도움이 돼서 하는 것이 아닙니다. 우리는 하나님의 일꾼이 되어야 하는 것입니다. 일꾼으로서 우리는 하나님의 포도원에 들어가게 됩니다. 그곳은 말이 아니라 몸으로 일하려는 사람들만 들어갈 수 있습니다.

우리 계획이 아닌 하나님의 계획을 따라서 우리가 일할 수 있도록 우리를 준비시키는 데 집중합시다.

"너희는 허리에 띠를 띠고 등불을 켜놓고 있어라.

마치 주인이 혼인 잔치에서 돌아와서 문을 두드릴 때에, 곧 열어 주려고 대기하고 있는 사람들과 같이 되어라. 주인이 와서 종들이 깨어 있는 것을 보면, 그 종들은 복이 있다. 내가 진정으로 너희에게 말한다. 그 주인이 허리를 동이고, 그들을 식탁에 앉히고, 곁에 와서 시중들 것이다. 주인이 밤중에나 새벽에 오더라도, 종들이 깨어 있는 것을 보면, 그 종들은 복이 있다.

너희는 이것을 알아라. 집주인이 언제 도둑이 들지 알았더라면, 그는 도둑이 그 집을 뚫고 들어오도록 내버려두지 않았을 것이다. 그러므로 너희도 준비하고 있어라. 생각하지도 않은 때에 인자가 올 것이기 때문이다."

베드로가 말하였다. "주님, 이 비유를 우리에게 말씀하시는 것입니까? 또는 모든 사람에게도 말씀하시는 것입니까?" 주님에게서 말씀하셨다."누가 신실하고 슬기로운 청지기겠느냐? 주인이 그에게 자기 종들을 맡기고, 제 때에 양식을 내주라고 시키면, 그는 어떻게 해야 하겠느냐?

주인이 돌아와서 볼 때에 그 종이 그렇게 하고 있으면, 그 종은 복이 있다. 내가 진정으로 너희에게 말한다. 주인은 자기의 모든 재산을 그에게 맡길 것이다. 그러나 그 종이 마음속으로, 주인이 더디 오리라고 생각하여, 남녀종들을 때리며, 먹고 마시고 취하여 있으면, 그가 예상하지 않은 날, 그가 알지 못하는 시각에, 그 주인이 와서, 그 종을 몹시 때리고, 신실하지 않은 자들이 받을 벌을 내릴 것이다. 주인의 뜻을 알고도, 준비하지도 않고, 그 뜻대로 행하지도 않은 종은 많이 맞을 것이다. 그러나 알지 못하고 매 맞을 일을 한 종은, 적게 맞을 것이다. 많이 받은 사람에게는 많은 것을 요구하고, 많이 맡긴 사람에게는 많은 것을 요구한다."^{누가}
복음 12장 35-48절

여기서 예수님은 그의 다시 오심을 준비하는 제자들에 관해 말씀하십니다. 하나님나라는 어떤 인간의 발견이나 노력이 아닌 오직 그리스도의 오심에 의해 성취됩니다. 그래서 우리 믿음과 열정은 이 그리스도의 오심을 향한 것이어야 합니다. 그렇지 않고 하나님나라를 묵상하는 것은 별 의미가 없습니다. 하나님의 통치는 놀랍도록 경이로운 일입니다. 하나님나라는 세상의 지혜로는 어리석게 보일지 모르지만, 온 세상과 창조물을 영원한 하나님의 창조물로 만듭니다.

놀라운 사실은 하늘과 땅의 창조주이신 하나님만이 아니라 하나님의 백성들도 이 계획에 참여해야 한다는 것입니다. 하나님나라의 의와 진리가 이 땅에 이루어지는 일에 자신을 드릴 사람들이 필요합니다. 그렇기 때문에, 예수님은 "주인이 돌아와서 볼 때에 그 종이 깨어 있는 것을 보면, 그 종은 복이 있다."라고 말씀하신 것입니다. 그리고 예수님은 그런 사람들을 돕겠다고 말씀하셨습니다. 분명한 것은 하나님나라의 일에 헌신한 사람들이 필요하다는 사실입니다. 성경에는 나와 있지 않지만 만약 깨어 기다리는 이들이 없다면 하나님의 오심이 지연될 수도 있다는 의미를 행간에서 읽을 수 있습니다.

비유적으로 말해, 만약 문지기가 문을 열어주지 않는다면 주인일지라도 문을 부수지 않으면 모를까 안으로 들어갈 수 없는 것입니다. 무엇보다 먼저 허리에 띠를 띤 채 등불을 밝히고 명령만 떨어지면 수행할 사람들이 있어야 합니다. 이 종들은 외출에서 돌아올 주인 맞을 채비를 하느라 여념이 없으며 집안 모든 사람들이 주인이 돌아올 것이란 사실을 잊지 않게 알려줍니다.

그 다음으로, 문 옆에서 대기하다가 주인이 와서 두드리면 바로 문을 열어줄 사람이 있어야 합니다. 일꾼은 섬기기 위해 일복을 입고 있습니다. 하지만 게으른 종은 나들이옷 입는 것을 좋아합니다. 일할 준비를 하고 있는 사람은 지체 없이 코트를 벗고 소매를 걷어 올리고 해야 할 일을 처리합니다. 하나님의 일을 하려면 나들이 정장이 아니라 일복을 입어야 됩니다. 일요일에 입는 정장이 평상복이라고 생각해선 안 됩니다. 그런 생각은 개인적인 신앙이나 자기 필요를 채우는 일을 무엇보다 우선시 하는 태도에서 비롯합니다. 하나님나라를 위해 싸우기 위해선 일복을 입고 때로는 온 세상과 맞설지라도 하나님의 계획에 따라 일하고 행동하는 것이 무엇보다 중요합니다. 하나님나라의 의와 진리는 구체적이고 실제적인 일을 통해서 실현되기에 우리는 항상 준비가 되어 있어야 합니다.

하지만 누군가 이렇게 물을 것입니다. "그렇다면 정확히 어떤 일을 해야 합니까?" "하나님과 그의 나라를 섬기는 일은 무엇입니까?" 누구도 쉽게 대답할 수 없는 중요한 문제입니다. 우리는 매일 하나님에게서 오는 것들 안에서 사는 법을 배우고 그러면서 경험한 빛을 삶의 어두운 부분에 비추어야 합니다. 하나님의 영원한 질서의 본질을 이 세상의 통치와 권세가 어둡게 만들었기 때문입니다. 인간 삶의 모든 영역에 우리를 노예로 만드는 세력이 숨어있습니다. 그것은 개인이나 국가가 벌이는 모든 일에 특징적으로 나타나는 '이기주의'입니다. 이기주의에 사로잡힌 사람은 이렇게 말할 것입니다. "이 일에서 지금 당장 내 이익을 위해 얻을 수 있는 것은 무엇입니까? 나의 이익을 위한 것은 좋은 것이고 옳은 것입니다." 이런 식으로 어둠이 들어옵니다. 하나님에게서 오는 빛을 가지고 있지 않다면 누구라도 이 어둠을 이겨낼 수 없습니다.

우리 일상생활 가운데서 하나님을 섬기는 문제에 관해 우리 연약한 인간은 기본적으로 참된 것이 무엇인지 알지 못합니다. 깜깜한 밤이 우리를 덮고 있는 것처럼 우리는 엄청난 죄와 불의에 둘러싸여 살고 있습니다. 우리는 명백한 문제에도 해결책을 못 내놓고 있습니다. 살인과 불륜과 도난사건이 이젠 더 이상 특별한 것도 아닙니다. 지금은 법의 보호 아래서 사람을 죽일 수 있는 세상입니다. 쾌락을 추구하는 것은 모든 것을 통제 불능으로 타락시켜 버렸습니다. 다른 이들을 희생시키면서 자기의 소유욕을 채워도 크게 문제가 되지 않습니다. 이 문제를 어떻게 해결해야 할 수 있을까요?

너무나 많은 사람들이 일말의 죄의식도 없이 잘못된 행동을 하고 있습니다. 선한 양심을 가진 이들이 그것을 막아보려고 애쓰지만 남은 고사하고 자신의 문제조차 해결하지 못하고 있습니다. 하나님나라의 삶에 초점을 두고 있는 사람은 이 우주적 죄가 얼마나 우리를 뒤덮고 숨 막히게 하는지를 점점 더 피부로 느끼게 됩니다. 지금 할 일은 하나님의 손을 꽉 잡고 이 어둠에 얼마라도 타격을 주어 몇몇 영역에서 하나님의 진리와 의를 받아들일 수 있게 하는 일입니다. 하지만 그러기 위해서는 우리에게 빛이 있어야 합니다. 그 빛을 가지고 구석구석을 비춰서 어디에 우리가 할 일이 있는지, 치워야할 쓰레기가 있는지 볼 수 있어야 합니다.

이것이 그리 쉬운 일은 아닙니다. 왜냐하면 손에 빛을 잡고 여기저기를 비추고 있으면 당장 누군가 방해를 합니다. "왜 여기 간섭하는 거야?" 그래서 점점 많은 사람들이 그 빛이 꺼져버리도록 내버려 둔 채 뒷걸음질합니다. 빛을 움켜진 채 사람들에게 더러운 곳을 비춰주며 "청소하시오. 지금 당신이 하는 일이 하나님 보시기에 옳지 않소. 당신 손을 잘라버리시오! 당신 눈을 뽑고, 발을 잘라버리시오!"—예수님이 비유적으로 죄를 짓는 손과 눈과 발에 대해 말씀하신 것처럼—라고 말하는 것은 무척 곤란하고 불편한 상황을 만듭니다.

하지만 이렇게 하는 것이 당신의 빛을 비춘다고 하는 의미입니다. 빛은 목적이 있습니다. 빛은 우리의 상황을 드러내서 우리의 문제가 무엇인지 보게 하고 해결하게 합니다. 이런 빛을 가진 예수님을 제자들조차 부담스러워했습니다. 사람들은 불평합니다. "저 빛만 없다면…."

초대교회 시대에 기독교인들은 세상에 혼란을 초래하고 법과 종교를 위태롭게 한다는 죄목으로 끔찍한 박해를 받았습니다. 자신들의 삶이 잘못되었다는 진리를 사람들은 도저히 받아들일 수 없었던 것입니다. 오랫동안 옳다고 여겨왔던 것들이 잘못이며 바뀌어야 한다고 생각하는 것은 그들에게는 범죄행위나 다름없었습니다. 새로운 인류 창조를 가능하게 하는 그리스도의 십자가는 말할 수 없이 어리석은 것으로 여겨졌습니다.

그래서 사람들은 결국 '일요일의 종교'를 선택합니다. 하나님은 평일 생활과 상관없이 일요일에 교회 가는 것으로 만족하신다고 여깁니다. 하지만 이것을 하나님께 향한 예배라고 말하지 맙시다. 그것은 그저 우리 마음을 달래고 개인적인 충족감을 얻는 종교의식일 뿐입니다. 하나님은 선하시기에 당신이 많은 것을 누리길 바라십니다. 그래서 하나님은 당신이 자신의 구원을 위해 많은 것을 구하는 것을 허락하십니다. 그렇다면 이제는 하나님이 당신에게 요구하시도록 허락하십시오. 당신이 자발적으로 절대 가지 않을 곳으로 하나님께서 이끌어 가시도록 허락해야만 합니다. 그리고 이렇게 다짐해야 합니다. "이제 하나님의 빛이 나를 비추게 하겠습니다. 나의 행복을 위해서가 아니라, 하나님의 일이 필요한 곳을 비추기 위해 그 빛을 구하겠습니다." 많은 이들이 이렇게 반응할 것입니다. "당신은 이제 우리가 다시금 선행을 해야 한다고 주장하는 것입니까? 그렇다면 믿음은 필요 없단 말입니까? 당신은 가톨릭교도인입니까?" 일요일 예배 복장만 입고 싶어 하는 사람들이 이처럼 말합니다. 하지만 사람들이 뭐라 말하든 우리는 일복을 입어야 합니다.

다행스럽게도, 일요일 종교에 만족하지 않는 사람들이 늘고 있습니다. 새로운 영이 깨어나고 있고, 구체적인 방법은 모르지만 그래도 하나님의 일을 먼저 생각하는 사람들이 많이 생기고 있습니다. 어떤 이들은 자신의 영혼을 영적으로 훈련시켜서 하나님께 나아가려 합니다. 그들은 하나님에 대해 생각하고 영적으로 훈련합니다. 하지만 그것으로 충분하지는 않습니다. 누구라도 열린 마음을 가진 사람이라면 이 사실을 인정할 것입니다. 그리고 어떻게 하면 자신을 내려놓고 하나님나라를 위해 헌신하며 그 나라가 임하기를 열정적으로 기다릴 수 있을까 고민하게 될 것입니다. 바로 이것이 하나님께서 우리에게 요구하시는 일입니다.

이 일과 밀접하게 관련된 것은 문 옆에 서 있다가 열어주는 일입니다. 문을 지킨다고 할 때 흔히 불침번 서는 것을 생각합니다. 하지만 저는 낮과 밤 구분없이 언제나 깨어있어야 한다고 강조하고 싶습니다. 우리는 비록 오랫동안 문을 두드리는 소리가 들리지 않더라도 자리를 떠나지 말고 서 있어야 합니다. 예수께서 부활하셨다는 의미는 하나님나라에서는 모든 것이 살아있다는 것입니다. 즉 우리가 깨닫지 못하는 순간에도 항상 무언가 일이 일어나고 있는 것입니다.

그리스도가 아직 도착하지 않았지만 먼저 심부름꾼을 보낼지도 모릅니다. 문을 열어주었을 때 심부름꾼이 말할 것입니다. "들으시오. 이것, 저것을 하라고 하십니다. 집 안에 있는 사람들에게 이것, 저것을 주의하라고 이르시오." 다음번에 또 누군가 문을 두드려 열어주면 이렇게 말할지도 모릅니다. "당신들은 집에서 왜 그리 어리석은 짓들을 하고 있는 거요? 마치 아무 일도 없이 지금처럼 계속될 것이라고 생각하는 것 같소. 당신이 주인인 것처럼 안주하지 마시오." 다음에 또 문을 두드리는 소리를 듣고 열어주면 이번에는 경고의 메시지가 들립니다. "음란을 경계하시오! 하나님과 맘몬을 동시에 섬기고 싶소? 하나님의 식탁과 마귀의 식탁에 동시에 앉으려 하시오? 누가 당신들의 주인입니까? 이 세상 방식으로 일하고 싶소? 아니면 하나님의 성령으로 일하고 싶소? 진실로 이 집은 인간적인 지혜의 집이 아니라 하나님의 지혜의 집이오."

그리스도의 미래에 귀를 기울이는 자에게는 문을 두드리는 소리가 계속해서 들립니다. 그렇다고 들리는 말들이 반드시 영적으로 수준 높은 것들일 필요는 없습니다. 때로는 매우 일상적인 것일 수도 있습니다. 예를 들어, 이런 말이 들릴 수도 있습니다. "네 몸을 소홀히 하지 마라. 네 몸이 성령의 전인 것을 모르느냐?고린도전서 3장 16절 왜 포도주를 그리 많이 마시느냐? 왜 음식을 그리 많이 먹느냐?" 이런 것들은 매우 사소한 것처럼 무시될 수도 있습니다. 바울도 이렇게 말하지 않았습니까? "하나님나라는 먹는 것과 마시는 것이 아니다." 사도 바울의 이야기도 맞습니다. 하지만 듣기를 원하는 자에게 하나님께서는 모든 면에서 하나님을 위해 살라고 말씀하실 것입니다.고린도전서 10장 31절 당신의 영혼만 중요한 것이 아니라 몸도 중요합니다. 당신의 몸이 죄 가운데서 산다면 당신의 영혼 속에서 어떻게 진리를 찾을 수 있겠습니까? 지혜 있는 자는 하나님의 사자가 이런 문제에 대해 말할 때도 문을 열고 귀를 기울일 것입니다. 누구든지 지혜로운 자는 기쁨과 확신을 갖고 그 말씀을 따를 것입니다.

우리는 실제적인 언어로 말해야 합니다. 그리스도의 미래가 지금 우리에게 의미를 주지 않는다면 아무런 의미가 없는 것입니다. 때로는 문 두드리는 소리가 우리 생활 전반에 관련되기도 하고, 세상과의 관계 속에서 우리 삶의 역할에 관계된 것이기도 합니다. 예를 들어, 어느 대농장에 관리인, 농부, 정원사, 요리사 등이 있다고 합시다. 요리사는 요리법을, 농부는 농사법을, 정원사는 나무 손질법을 의례적인 방법에 따라 배웁니다. 그들은 자기 분야 기술을 배워서 일을 훌륭하게 수행합니다. 그런데 어느 날 문을 두드리는 소리가 들립니다. 그리고 문을 열자 이런 말을 듣습니다. "자, 들으시오. 여러분들은 세상 사람들이 하듯이 집을 관리하지 마십시오. 나를 기쁘게 하기 위해서 어떤 식으로 일을 할지 생각해보십시오." 그러면 그들은 물을 것입니다. "무슨 말씀이십니까? 이전에 관리하던 다른 이들도 다 그렇게 하고 우리도 그렇게 배웠는데요." 그렇습니다. 모든 사람들이 그런 식으로 합니다. 하지만 당신은 그렇게 할 필요가 없습니다. 그리스도의 오심을 기다리는 사람은 그들 상황 속에서 다른 방식으로 살아야 합니다. 모든 것을 세상 방식대로 해야 합니까?고린도후서 10장 3-4절 인간의 지혜를 따라야 합니까? 하나님의 나라가 대부분의 사람이 익숙한 방식에 따라서 움직여야 한단 말입니까?

하나님을 위해 늘 깨어 있는 사람은 사소한 문제에 관해서라도 듣기를 좋아할 것입니다. "모든 것을 지금까지 해오던 방식과는 다르게 하십시오." 이처럼 다른 식으로 하라는 암시라도 느끼면 그는 멈춰 서서 귀를 기울일 것입니다. "다르게 하라고? 어떻게 해야 다르게 할 수 있지?" 그러려면 먼저 당신은 가난한 마음이 되어 당신이 언제 어디서 빛이 없는 사람처럼 어리석게 행동했는지 뒤돌아보아야 합니다. 그러고 나서 당신이 주인에게 문을 열어주는 일에 다른 사람들보다 지혜롭지 않았다는 사실을 참회해야 합니다.

이것이 '깨어있다'는 말의 뜻입니다. 우리는 우리가 볼 수 있는 것부터 시작해야 합니다. 그러다보면 더 큰 문제를 볼 수 있는 때가 올 것입니다. 작은 문제에서부터 진리를 추구한다면 큰 문제에서도 잘못된 길로 빠지지 않을 것입니다. 어디서나 진리를 분별해내어 우리에게 주어진 명령을 수행하게 될 것입니다. 우리에게 진리에 관한 것이 오면 그것이 무엇이건 간에 열심을 다해 흔들리지 말고 실천해야 합니다. 그러면 계속해서 문 두드리는 소리가 들릴 것이며 하나님의 오심이 우리에게 감추어져 있지만은 않을 것입니다. 헌신된 이들에게는 자비롭고 사랑이 많은 하나님으로부터 빛이 계속해서 비추일 것입니다.

우리가 깨어 문을 지키는 일을 교만과 불평으로 할 수도 있습니다. "오 세상에, 또 문을 두드리네. 바로 전에 모든 것을 완벽하게 배치해 놓았는데, 다시 또 바꾸라는 거야?" 이렇게 되면 그분의 일은 중단되고 문 두드리는 소리도 더 이상 들리지 않을 것입니다. 주님이 오시기 전까지 우리 하고 싶은 대로 해도 좋습니다. 하지만 우리를 경악하게 할 일이 일어날 것입니다. 그날이 도적같이 찾아와 우리 손에서 모든 것을 빼앗아갈 것입니다.

문지기와 파수꾼의 일은 허리띠를 띠고 일할 준비가 된 사람들의 일과 다르지 않습니다. 만약 문 옆에 서서 옷에 허리띠를 띠고 깨어있지 않다면, 당신은 자기도 모르게 잠이 들것입니다. 하지만 당신이 옷에 허리띠를 띠고 섬길 준비가 되어 있다면, 하나님께서 빛을 주실 것이고 그 빛으로 하나님의 뜻을 분별해 수행할 수 있을 것입니다. 하나님의 일은 이처럼 무척 단순한 방식으로 행해집니다. 그러므로 특별한 일이 일어나기를 기다릴 필요가 없습니다. 가장 중요한 것은 하나님에게서 오는 것들을 잘 지켜보다가 이 땅에서 그것들이 실현되도록 길을 내는 일입니다. 늘 영적으로 생각하고 하늘의 것만 생각한다면 하나님이 우리에게 명하시는 일상적인 일을 이해할 수 없을 것입니다. 하지만 당신이 하나님에게서 오는 것들은 받아들이며 구체적인 삶 속에서 그리스도의 오심을 위해 산다면 인간의 머리로 상상하던 것과는 전혀 다른 거룩한 일이 지금 이곳에서도 경험될 수 있다는 것을 배우게 될 것입니다.

허드렛일과 노동을 통해, 그리고 어려움과 궁핍과 두려움과 고통을 겪으면서도 우리는 하늘을 섬기는 자가 될 수 있습니다. 깨어 있음으로써 이런 일들을 이겨내야 합니다. 소망을 빼앗기지 않도록 합시다. 이 소망 가운데 하나님의 뜻이 이 땅에 이뤄지도록 어디에도 얽매이지 말고 구속되지 마십시오.

그 때에 유대 사람들은 예수님을 둘러싸고 말하였다.
"당신은 언제까지 우리의 마음을 졸이게 하시렵니까?
당신이 그리스도이면 그렇다고 분명하게 말하여 주십시오."
예수님은 그들에게 대답하셨다. "내가 너희에게 이미 말하였는데도, 너희가
믿지 않는다. 내가 내 아버지의 이름으로 하는 그 일들이 곧 나를 증언해 준다.
그런데 너희가 믿지 않는 것은, 너희가 내 양이 아니기 때문이다.
내 양들은 내 목소리를 알아듣는다. 나는 내 양들을 알고, 내 양들은 나를 따른
다.

요한복음 10;22-30

15
조급해 하지 말고 자신을 포기하십시오!
Don't push – Surrender!

하나님나라에서 조급함은 사람들의 눈을 멀게 하고 비극적인
결과로 몰아갈 수 있습니다. 조급함에 빠지게 되면 우리가 하나
님에게서 소망하고 추구하던 선한 것들을 모두 뺏길 수 있습니
다.

조급함의 뿌리는 우리 안에 있는 성취욕입니다. 우리 힘과 능
력으로 뭔가를 할 수 있다는 생각만큼 우리에게 의욕을 불어넣는
것도 없을 것입니다. 지각 있는 사람들조차 판단력을 잃고 휩쓸
려 버릴 수 있습니다. 그들은 말합니다. '그래, 우리는 해야만 하

고, 할 수 있어!' 그리고 이런 인간적 요소가 들어오면 하나님나라의 많은 사람들이 자기 마음대로 행동하기 시작합니다. 그들이 원하는 만큼 하나님께서 움직이시지 않아도, 그들은 자기가 이해한 대로 앞으로 내달리며 일을 밀어붙입니다. 또한 그들은 지도자를 세워 그에게 복종하고 충성하고 싶어 합니다. 이런 식으로 인간의 세력은 온갖 고통과 실패와 죄 가운데서도 언제고 일어납니다.

하지만 하나님나라는 완전히 다른 방식으로 옵니다. 인간의 힘이나 육적인 노력을 필요로 하지 않습니다. 하나님나라는 우리에게 잠잠히 있으라고 요구합니다. 그것은 인간에게 가장 어려운 일입니다. 우리 인생의 가장 중요한 일에서, 그리고 정말 원하던 목표를 이루는 일에 우리 자신이 무능력하다는 사실을 직면하고, 좋든 나쁘든 우리 능력을 전부 내려놓는 일은 세상에서 가장 힘든 일입니다.예레미야 9장 23-24절 조급함은 마치 용처럼 우리 마음속에서 끊임없이 고개를 쳐듭니다. 사실 이것은 살아계신 하나님께 반역하는 것과 같습니다. 그분에 비해 우리 인간은 아무것도 아니기 때문입니다.

이런 조급함은 잘못된 교육과 영적 몰이해로부터 기인한 것입니다. 우리는 너무 쉽게 하나님께 불평을 할 수 있습니다. "언제까지 기다리게 하실 겁니까? 우리가 앞으로 나가게 해주십시오." 그리고 마음 속에서는 아무도 모르게 이렇게 속삭이고 있습니다. "나는 위대한 사람이 되고 싶어! 칼을 휘두르며 이름을 날리고 싶어! 우렁찬 함성을 지르며 세상을 평정하고 싶어. 그런데 당신이 우리를 가로막고 있는 거야. 당신이 그리스도라면 대답을 해 보라고!"

하나님나라에서 하나님은 사람들을 뒤에서 붙잡고 계십니까? 그렇습니다. 늘 그렇습니다! 하나님은 자기 힘과 열정으로 육신을 높이려고 앞서나가는 사람을 가로막으십니다. 하나님은 자신의 옛 본성을 버리지 않고 하나님나라에 들어와서 남보다 앞서나가는 능력으로 높임을 받으려 하는 자들을 제지하십니다. 하나님은 이런 사람들을 쳐서 끌어내리십니다. 이런 일을 당하지 않고 싶은 사람은 낮아지는 길을 찾아야 합니다. 이 길이 우리 자신에게서 해방되는 길이며, 우리가 죽는 길입니다. 이 길은 우리 힘은 늘 우리를 기만하며 잘못 인도한다는 것을 알게 하는 길입니다. 이 길 위에서는 하나님이 우리를 가로막지 않으십니다.

이 일은 놀라운 방식으로 일어납니다. 하나님의 일은 우리 인간의 일을 가로 막습니다. 예수 그리스도는 바로 이 '하나님의 일'로 조급해하는 사람들을 깨우치셨습니다. 하지만 한 가지가 그들에게 거슬렸습니다. 하나님의 일은 조급한 사람들을 보잘 것 없는 존재로 만들었던 것입니다. 구원자가 하신 모든 일은 그들이 얼마나 무익하며 하찮은 존재인지를 드러냈습니다. 예를 들어, 광야에서 수천 명을 먹이실 때 그들은 자기 먹을 것조차 해결할 수 없는 아이 같았습니다. 눈먼 자를 보게 하고 절름발이를 걷게 할 때, 죽은 자를 살리실 때, 죄인을 위로하시며 도우실 때,

하나님의 영광을 위해 새로운 백성을 모으실 때, 그들은 아무것도 할 수 없는 존재였습니다. 오직 하늘에서 오신 주님 만이 그것을 할 수 있습니다.

우리 마음속에서 하나님이 하시는 일을 대수롭지 않게 여기려는 기만을 보십시오. 우리가 이렇게 행동하는 이유는 하나님 앞에서 우리 자신이 아무것도 아니며, 예수 그리스도 앞에서 우리 능력이 보잘 것 없어 보이는 것을 견딜 수 없기 때문입니다. 그래서 우리는 뭔가 해결책을 찾으려고 애씁니다. 그래서 생각해 낸 것이 무엇인가요? 예수님은 하나님을 돕는 것이 아니라 예수님이 우리를 도와 세상에서 세력을 얻고 큰 역할을 하도록 해야만 한다고 생각하는 것입니다. 이와 똑같은 과오를 마카비 시대***에 유대인들이 저질렀습니다. 그들이 승리의 월계관을 다시 얻을 수도, 세계사의 주역이 될 수도 있었지만 하나님은 막으셨습니다.

오, 세상에서 이름을 내기 원하는 이들이여,

그러면서도 예수 그리스도를 주로 인정하는 이들이여,

만약 당신들이 그의 이름으로 뭔가 성취하고자 한다면 하나님이 막으실 것입니다.

하나님이 당신들 머리에 심판을 내리실 것이며, 당신들은 하나님나라에 더 이상 속하지 못할 것입니다.

*** 역주: 기원전 160년경에 헬라제국의 종교적 탄압에 저항하며 독립을 위해 마카비와 형제들이 혁명을 일으킨다. 3년간의 투쟁 끝에 성전을 회복하고 독립왕조를 세우지만 오래 존속하지 못하고 로마제국에게 멸망한다.

하지만 여기에 참고 기다리는 사람들이 있습니다. 이들은 하나님이 하시는 일 앞에서 순한 양과 같습니다. 잠잠한 가운데 그들 마음 속에서 변화가 일어납니다. 하나님이 하시는 일 가운데서 그들은 자신들이 적합하지 않다는 것을 즉각적으로 알아차리며 그래서 기뻐합니다.^{고린도후서 12장 7-10절} 이들은 종교적 지위나 세상의 지위를 모두 포기할 수 있습니다. 세상에서 준 모든 감투를 벗어던지며 기쁨으로 환호합니다. "하나님을 찬양하십시오. 나의 일은 끝났습니다. 이제 하나님의 일이 시작되었습니다!" 이들은 겸손하며 불평하지 않으며 어린아이처럼 즐거워합니다. 하나님은 복잡하고 인위적인 모든 것을 제거해 버리십니다. 하나님의 빛을 비추는 목자를 양처럼 따르는 자들은 행복합니다. 하나님의 모든 일은 그들의 본성과 인간적인 능력을 드러내시고 그것을 포기하도록 만드십니다.

우리 그리스도인들이 이것을 이해한다면 모든 민족들이 하나님의 일을 위해 준비될 수 있을 것입니다! 그러나 현재로는 이런 일은 불가능해 보입니다. 돌파구가 이 세상에서는 아직 보이지 않습니다. 교회는 잘못된 길로 전력질주하고 있습니다. 세상에서 이름을 내고, 성공을 하고, 일을 주도할 기회가 주어질 때마다 교회는 앞장서 왔습니다.

지금 주님은 외치십니다.

"멈춰라, 멈춰! 너희들은 너무 날뛰고 있다!"

주님께서는 그의 백성들에게 때가 무르익을 때까지 인내하라고 하십니다. 사람들이 하나님의 일을 소망하고 열국이 준비될 때까지 기다리라고 호소하십니다. 하지만 교회는 너무 멀리 가 있고 주님만 홀로 남으셨습니다.

누구에게 잘못이 있습니까? 나는 양의 무리를 꾸짖지 않을 수 없습니다. 양들에게 책임이 있기 때문입니다. 우리는 성급하게 앞으로 달려가지 않도록 주의했어야 했습니다. 오늘날 중요한 점은 이것입니다. 당신은 하나님이 일하실 때 겸손합니까? 당신은 하나님이 일하시도록 당신이 하던 일을 내려놓고 비록 아무런 명예도 없고 중요한 역할을 못한다 하더라도 즐겁고 활기차게 하나님나라를 기다릴 수 있습니까?

영적인 관점에서 볼 때 가장 중요한 것은 자기를 내려놓고 주도적이 되어 앞서가려는 마음을 포기하는 것입니다. 자기를 포기하십시오! 앞서 나가지 마십시오! 양들의 죄는 자기를 내려놓고 목자를 따르는 대신 자기 마음대로 앞서나가려는 데 있습니다. 목자는 양들을 사랑하지만 양들이 세상의 방법과 수단에 끌려 다닐 때 가만 놔두지 않습니다. 양들은 자기 것을 포기하지 않고 딴 길로 가려합니다. 양들은 늘 구원자에게 도와달라고 소리 지르지만, 구원자가 도움을 주고 싶어도 양들이 자기 계획을 포기하지 않으려 합니다. 그들은 세상 방식에 중독되어 이런 저런 방식이 최고라고 믿고 있습니다. 그들은 구원자를 홀로 남겨둔 채 익숙한 길을 계속 가고, 하나님의 일은 그들에게 어떤 영향도 줄 수 없습니다. 현 상태에 만족하는 그들에게는 하나님이 일하시기를 바라는 참된 목마름이 없습니다.

　우리가 참된 양이 될 수만 있다면 예수 그리스도께서 참으로 일하실 수 있으실 것입니다. 우리가 믿음으로 과거의 삶에서 돌아선다면 그것은 지금이라도 가능합니다. 우리가 하나님의 대의를 직면하고 전적으로 그것에 헌신한다면, 지금 당장이라도 그리스도의 일은 시작될 것입니다. 믿음과 인내와 희망, 사랑을 운운하면서도 실상은 자기의 것을 하나도 포기하지 않고 있다면, 그는 결코 예수님이 기뻐하시는 삶을 살 수 없습니다. 자신에 대해 죽으십시오! 하나님께 자신을 드리십시오! 더 이상 고집부리지 마십시오! 주님은 당신을 사랑하십니다. 그러니 당신도 주님을 기뻐하시는 이런 삶을 사십시오. 자신을 포기하면 완전히 끝이라고 생각하십니까? 당신이 사라지면 예수님도 소용없어진다고 여기십니까? 아닙니다. 당신이 완전하게 죽음의 자리로 간다면 예수님이 사실 것입니다. 그리고 당신도 예수님 안에서 살 것입니다.갈라디아서 2장 20절 이렇게 당신이 죽는다면 예수님은 당신을 알게 될 것이고 당신도 예수님을 알게 될 것입니다. 그분은 미래의 능력을 당신에게 드러낼 것이며 당신은 멸망하지 않을 것입니다. 하지만 모양만 양일뿐 예수님의 뜻을 행하지 않는 자들은 두들겨 맞고 결국에는 죽을 것입니다. 예수님은 그들에게 이렇게 말하실 것입니다. "내게서 떠나라. 너는 내게 필요가 없다!" 이렇게 하나님의 뜻이 드러나지 못한 채 수많은 세월이 흐르고 수많은 세대가 사라져갑니다.

그러므로 이 문제를 진지하게 생각해야 합니다. 이것은 작은 문제가 아니라 가장 중요한 문제이며, 우리가 어떤 길로 가야할지 보여주고 있습니다. 우리가 이리 저리 뛰어다니며 이런 저런 것을 생각하고 성취하여 의기양양할 수 있지만, 주님보다 앞서나가는 이런 일들은 오히려 방해가 될 수 있습니다. 주님이 우리가 곤두박질치지는 않을까 염려하며 우리의 꽁무니를 좇아다니게 할 수는 없습니다. 우리는 뒤에서 앞서 가시는 예수님을 따를 때만 오늘날의 무시무시한 구덩이와 위험에서 안전할 수 있습니다. 우리가 가시밭에 있을 때나 깊은 수렁에 빠져 있을 때나, 비틀거리고 넘어지고 죽을 수 있는 상황에서도 예수님은 우리에게 영생을 주실 수 있습니다.

오, 우리 눈이 열릴 수 있다면!

우리는 축복된 죽음, 행복한 임종을 '구원'이라고 여기며 우리 죽음을 통해 하나님께서 영광 받으실 것이라고 착각합니다. 하지만 하나님은 이 땅위에서 우리 삶 속에서 영광을 받고 싶어 하십니다. 이러한 것만 보더라도 우리가 얼마나 잘못된 길로 벗어나 있는지 알 수 있습니다. 우리가 애쓰고 노력하는 모든 것이 예수님이 원하시는 것과 너무나 다릅니다. 우리는 완전히 잘못된 길을 향하고 있는 것입니다. 이것이 오늘날 아무리 훌륭한 신자일지라도 모든 신자들이 함께 짓는 죄입니다.

그러므로 하늘 아버지는 우리 인간이 만들어낸 모든 것^{그것이 종교적이든 그렇지 않든} 보다 위대하시다는 것을 인정해야 합니다. 그리고 우리 마음에 이것을 깊이 새기고 간직하며 하나님 앞에서 결실을 맺도록 해야 합니다. 눈물을 흘리며 우리 자신을 하나님께 드립시다. 하나님나라가 그리스도 안에서 드러날 수 있도록 우리 모두 참된 양이 됩시다. 이것 말고 하나님 앞에서 가치 있는 일은 아무것도 없습니다.

주님은 말씀하신다.
"가련한 사람이 짓밟히고, 가난한 사람이 부르짖으니,
이제 내가 일어나서 그들이 갈망하는 구원을 베풀겠다."

시편 12:5

16
하나님의 권능
The power of God

하나님은 가련한 자들과 궁핍한 자들을 위해서 일어서실 거라고 약속하십니다. 어떻게 하나님께서 이 가난한 자들과 궁핍한 자들을 도우실까요? 이것이 언제나 궁금한 점입니다. "가난하고 궁핍한 자가 내 앞에 있고 나는 반드시 그들을 도울 것이다." 우리는 분명히 이 말씀을 믿습니다. 하지만 오늘날 하나님이 어떻게 그들을 도우실 것인가라는 질문은 여전히 남습니다.

이 문제에 대해 여러 가지 의견이 나올 수 있습니다. 어떤 기독교인들은 이렇게 말할 것입니다. "그래, 우리의 비참함 속에서도 하나님은 우리를 축복하실 수 있어. 결국 영원한 생명이 우릴 기다리고 있잖아." 하지만 이런 식으로는 사람들의 궁핍함을 조금도 해결해 줄 수 없으며 한 방울의 눈물도 닦아줄 수 없을 것입니다. 나는 사람들이 영원의 소망으로 나를 위로할 때 솔직히 그걸 믿지 않습니다. 이 땅에서 하나님의 도움을 경험하지 못한다면 영원한 천국에서 그것이 가능하다고 누가 보장할 수 있단 말입니까? 그럼 구원자 예수님은 영원한 천국을 위해서만 오셨단 말입니까? 아닙니다. 예수님은 이 땅에 있는 우리에게 오셨습니다. 그러므로 영원한 천국으로 위로하는 것은 충분하지 못합니다. 우리가 이 세상을 떠나는 순간 모든 것이 해결될까요? 나는 그렇게 믿지 않습니다. 하나님은 그렇게 기계적으로 역사하시지 않습니다. 그저 즐겁게 이 세상을 살다가 때가 되어 죽으면 모든 게 영원한 천국에서 해결될 것이라고 생각할 수 없습니다. 절대 그렇지 않습니다!

하지만 어느 교파의 그리스도인들이건 거의 모두 사후의 삶에만 관심을 갖고 있습니다. 이들은 하나님이 이 땅위에서는 아무 능력도 행하시지 않는다고 생각합니다. 누군가 이 땅에서 살아계신 하나님의 빛을 보거나 마침내 죽음도 사라질 것이라고 믿는다면, 그들은 광신주의fanaticism라고 비난합니다. 다들 하나님은 영원히 저 하늘에 계신다는 환상 속에 머물러 있습니다. 사람들은 이 지구라는 조그만 행성에서 얼마간 고통을 겪을 운명을 타고났으며, 이곳 삶을 청산하고 죽으면 우리의 종교적 신앙에 따라 벌을 받든가 구원을 받는다고 믿습니다. 이런 식으로 오랜 세월동안 믿어왔으며 그걸로 만족해왔습니다.

이런 불신앙에서 벗어나십시오! 만약 우리의 모든 소망이 천국에 가기 위해 이 땅에서 벗어나는 것이라면 우리는 죄와 사망에 기여하고 있는 것입니다. 우리가 이 땅의 삶을 운명이라고 체념하며 아무것도 기대하지 않고 하나님나라가 이 땅에 임하시리라는 기쁜 소망을 거부한다면, 우리는 하나님의 말씀을 철저히 경멸하는 것입니다. 우리의 신앙생활이 파산했기 때문에 사람들은 하나님 역시 파산하셨고, 이 땅에서 어떤 것도 이루실 수 없다고 믿고 있습니다.

우리의 행복은 권능을 행하시는 하나님에게 달린 것이지 우리의 힘으로 이룰 수 있는 것이 아닙니다.^{시편 92편 4절} 하나님은 그분의 뜻을 반드시 이루실 것입니다. 그리고 우리는 하나님이 그렇게 하실 것을 믿어야 합니다. 이것이 바로 하나님이 우리를 창조하신 이유입니다. 그리고 진심으로 하나님의 권능을 믿는 자는 그 권능이 조금이나마 이 땅에 드러나도록 해야 합니다. 하나님의 권능을 믿는 자들은 그분의 도우심을 힘입어 다른 사람들에게 하나님이 일하시는 것을 보여줍니다.

하나님께서 누군가에게 일하시려고 할 때, 그 사람이 그리스도인이 되기 원하는지 아닌지가 그리 중요한 문제가 아닙니다. 무엇보다 중요하고 우선적인 것은 하나님이 그 사람과 함께 하신다는 것입니다. 우리의 구속은 하나님의 도움에 달려있으며 우리의 행위로는 아무것도 이룰 수 없습니다. 마지막 숨을 내뱉으며 하나님 앞에 서는 순간 하나님께서 우리의 삶 속에서 우리 의지와 상관없이 우리를 구원하기 위해 얼마나 많이 "일어나셔야rise up" 했으며 권능을 행사하셨어야 했는지 알게 되면 아마 깜짝 놀랄 것입니다. 하나님께서 "일어나신다"는 것은 우리를 향해 더욱더 가까이 다가오신다는 의미입니다. 그분은 이 세상에 침투하시기 위해 싸우십니다. 이러한 하나님의 분투는 우리에게 다가오는 길을 내시기 위함입니다. 이것이 하나님의 도움이 계속해서 지체되는 이유입니다. 영원한 세상과 이 세상간의 장벽이 허물어지기 전까지 궁핍함과 비참함은 사라지지 않을 것입니다. 영원한 세상과 이 세상 장벽은 위에서 아래로 열려야만 합니다. 그러나 오늘날 기독교는 완전히 반대로 생각합니다. 그리스도인들은 이 세상에서 벗어나는 길을 찾습니다. 마치 비둘기가 하늘로 날아오르듯, 오로지 이 세상에서 벗어나 위로 날아 올라가 구원받기만을 바랍니다. 하지만 성경에 따르면 도움이 이 땅에 임하기 위해서는 위에서 아래로 문이 열려야 합니다. 오늘날 힘겨운 싸움 없이 이러한 일들이 일어나지 않는 이유는 뭘까요? 이유가 뭘까요? 그것은 아무도 믿으려 하지 않기 때문입니다! 다들 죽음 뒤에 어떤 일이 일어나는지 아무것도 모르면서 천국에 가서 구원받기만을 바랍니다. 너무나 많은 사람들은 그저 이 삶이 어서 끝나기만을 기다립니다. 하지만 "저 세상에" 도달했을 때 그들은 너무 놀라 자기 눈을 믿을 수 없을 것입니다. 이 문제는 누구라도 심각하게 고려해 봐야 하는 문제인데도, 대부분의 그리스도인들이 이것을 이해하지 못한다는 사실이 내게는 큰 고통입니다. 이 때문에 우리가 심각한 어려움에 처해 있는 것입니다.

사람들은 내게 아마도 이렇게 반응할 것입니다. "또 블룸하르트가 모자란 이야기를 하는구나."라고 말입니다. 그렇다면 어떤 것이 성경적인지 내게 증명해보십시오. 죽어서 천국으로 가는 것입니까? 이 땅에 하나님나라가 임하는 것입니까? 첫 장부터 마지막 장까지 성경은 이 땅에 임하실 하나님에 관한 내용이지 죽음 이후에 대해 다루고 있지 않습니다. 성경의 모든 말씀은 내가 서 있는 바로 이곳에서 하나님이 행하실 것에 대해 약속하고 있습니다. 예수 그리스도는 하나님의 보좌가 있는, 저 위 보이지 않는 세상으로 오신 것이 아니라 바로 이 땅으로 오셨습니다. 그리고 예수님은 여기 이 지구 위에 다시 임하길 원하십니다. 여기 이 땅 위가 우리가 그분을 발견해야 할 곳입니다. 이 땅 위로 그분은 오셨으며 다시 오실 것입니다. 하나님은 우리를 어려움에서 구하시기 위해 손가락 하나만 까딱하시기만 해도 되며 우리가 수천 개의 교회나 조직을 만드는 것보다 더 큰 일을 성취하실 것입니다. 하나님이 "일어나시도록" 기도해야만 합니다. 다시 한 번 성경에 충실해야 합니다. 내가 말하고 싶은 것은 이것뿐입니다. 성경적이 되십시오! 예수 그리스도가 이 세상에 오셔서 살아 계시는 것이 우리의 유일한 관심이 될 때 지혜와 명철을 얻게 될 것입니다. 이 땅에서 우리의 권리를 찾아야 합니다. 이 땅에서 죄와 죽음을 이기고 승리할 수 있는 우리의 권리 말입니다. 하지만 그것은 우리 믿음으로 가능한 것이 아니라 하나님의 권능으로 가능합니다.

기독교는 이교도의 온갖 사상에 물들어 버렸습니다. 그 결과 하나님의 영광을 죽어서 가는 '저 세상'에만 제한시켜 버렸습니다. 이런 식으로 우리는 예수 그리스도를 잃어버렸습니다. 이렇게 천국에 계신 예수님을 찬양하는 것은 종교적인 만족 외에 우리에게 아무런 도움이 되지 않습니다. 이것은 엉터리 사기입니다. 이것은 그리스도인이 가져야할 중요한 특성을 모호하게 퇴색시킵니다. 그 특성이란 '이 땅에서 우리 안에 하나님이 사시는 것'입니다. 사람들은 그리스도의 오심이 진정 의미하는 바를 전혀 이해하지 못하고 있습니다. '그리스도의 오심'이란 바로 예수님이 하나님과 함께 이 땅에서 일하시는 동역자counterpart가 되신다는 예언적 개념입니다. 하나님은 예수님의 오심을 통해 다시 인간 가운데 거하실 것입니다.

너무 가혹하게 들릴 수도 있겠지만, 우리의 무기력한 믿음으로는 아무것도 이룰 수 없습니다. 나는 사람들이 천국에 대해 끊임없이 횡설수설하며 이야기할 때 도저히 참을 수 없습니다. 그들은 누구보다 자기중심적인 사람들입니다. 그들은 하나님을 그들 자신과의 관계에서만 생각합니다. 이보다 어리석고 거짓된 것도 없을 것입니다.

구원은 바로 이 땅에서 일하시는 하나님의 권능입니다. 누가 감히 자기 믿음에 대해 '아, 나는 참 믿음을 가졌다'라고 말할 수 있단 말입니까? 이것은 착각이며 기만입니다. 하지만 우리가 완전히 생각을 바꾸고 이 땅에 오셔서 뭔가를 이루시려는 하나님의 수고를 마음에 되새긴다면 그땐 분명히 알게 될 것입니다.

"종교religion"를 갖는 것으로는 충분하지 않습니다. 불신자들도 종교를 가지고 있으며 우리 것과 별반 다를 게 없습니다. 하나님은 우리의 종교에는 전혀 관심이 없습니다. 하나님은 우리의 죄악이나 다른 이유로 이 땅에 오셔서 도울 수 없게 될 때, 사람들이 오히려 비종교적이게 만드시기도 합니다. 예를 들면, 이집트에서 이스라엘 사람들은 자기들이 하고 싶은 대로 했습니다. 그리고 그들은 몹시 시달리고 황폐하게 되었습니다. 그 때에도 하나님은 그들을 보살펴셨습니다. 하나님의 도움은 우리의 종교에 달려있지 않습니다. 하나님의 도움은 하나님의 신실하심, 자비, 능력에 달렸습니다. 하나님의 도움은 하나님이 자기들의 삶에 오시길 기다리는 간절한 마음에 달려있습니다.

우리 앞에 약속이 있습니다. "내가 일어나리라. 내가 도우리라." 하나님의 도우심은 이미 예수 그리스도를 통해 온 것임을 우리는 압니다. 그러나 우리가 그분의 도우심이 지금 이 땅을 위한 것임을 믿을 때에만 이 말씀은 진리가 됩니다. 성경에 보면 예수님이 갈릴리 가나를 방문하셨을 때, 가버나움에서 왕의 신하가 와서 죽어가는 아들을 살려달라고 간청합니다. 예수님은 그에게 이렇게 말씀하십니다. "너희는 표징이나 기이한 일들을 보지 않고는, 결코 믿으려고 하지 않는다." 요한복음 4:48 예수님은 이렇게 말씀할 수 있었습니다. '나를 믿으라. 내가 누군지 보게 되리라' 라고 말입니다. 그러나 이렇게 말씀합니다. "나는 너희들이 믿지 않을 것을 안다. 그래서 표적과 기적을 보여 주겠다." 이런 것 없이도 믿는 사람들이 물론 있습니다. 그들에게 표적과 기적은 덤으로 얻는 기쁨이지 꼭 필요한 것은 아닙니다. 하지만 많은 사람들은 아직도 표적과 기적이 없으면 믿지 않습니다. 만약 이런 표적과 기적이 기록되지 않았다면 오늘날 어떻게 되었을까요? 정말이지 전도하기 매우 힘든 상황이 되었을 것입니다.

하지만 구원자의 오심을 소망하지 않는 사람은 표적과 기적도 믿지 않는다는 사실은 참으로 놀랍고 역설적인 일입니다. 구원자가 다시 오실 것과 시대의 완성을 소망하는 이들만이 기적을 기대합니다. 이 둘은 밀접하게 연관되어 있습니다. 이런 소망이 없는 이들은 기적과 표적에 전혀 관심이 없으며 심지어 위협으로 여기기도 합니다. 하지만 우리는 구원자에게 우리의 연약한 믿음을 인정하며 이렇게 고백할 것입니다. "예, 맞습니다. 우리는 기적과 표적이 필요합니다. 바로 지금, 우리가 인내하며 기다리고 분투하는 이때에, 모든 사람들이 기적과 표적을 보게 될 때까지, 세상의 불쌍한 사람들이 모두 도움을 받을 때까지, 우리는 기적과 표적이 필요합니다."

우리들은 믿습니다. 이유가 뭘까요? 나는 하나님의 권능을 경험했기 때문에 믿습니다. 나에게는 기적을 믿을 수밖에 없는 충분한 이유가 있습니다. 나는 다른 사람들도 나처럼 이 어둠의 시대에 신실한 마음을 회복할 수 있도록 기적과 표적을 충분히 경험하길 소망합니다. 예수 그리스도의 치유 역사에 대해 읽을 때 우리는 이렇게 고백할 수밖에 없습니다. "그렇습니다, 구원자시여. 우리는 지금도 당신이 살아 계신지 아닌지 알아야겠습니다." 우리는 참으로 가련한 영혼이기에, 몸으로 경험하는 충격만큼 우리 마음을 움직이는 것도 없습니다. 그리고 영적으로 말해서, 몸에 변화를 경험하지 못한다면 오랫동안 믿음을 지속할 수 없습니다. 우리의 영적 삶이 지속되기 위해서는 육체적 죽음의 장벽이 무너져야만 합니다.

그러므로 이것을 위해 꾸준히 기도해야 하며 기도가 응답될 것을 믿어야 합니다. 틀림없이 이 땅위에서 일어날 것입니다. 우리의 주된 관심은 무엇입니까? 그리고 구원자가 일하실 때, 그분의 중요한 관심은 무엇일까요? 그것은 바로 이 땅에서 영적으로 뿐만 아니라 물질적으로 선한 것을 완성하시는 것입니다! 이것은 우리가 발 디디고 서 있는 땅에서 일어나는 것입니다. 만약 내 육신과 나의 물질적이고 사회적인 상황이 고통 속에 있다면 그것은 슬픈 종교입니다. 아닙니다. 그것은 아무 쓸모없는 종교일 것입니다. 하지만 우리 하나님은 하늘과 땅의 주±이십니다. 그러므로 우리는 모든 일에서 빛을 소유한, 죽음에서 부활에 이르는 백성이 되어야 합니다. 이것이 우리를 강하게 만들 것입니다. 하나님은 우리를 안전하게 보호하실 것입니다.

주님 안에서 항상 기뻐하십시오. 다시 말합니다. 기뻐하십시오.
여러분의 관용을 모든 사람에게 알리십시오.
주님께서 가까이 오셨습니다. …
그리하면 사람의 헤아림을 뛰어 넘는 하나님의 평화가
여러분의 마음과 생각을 그리스도 예수님 안에서 지켜 줄 것입니다.

빌립보서 4:4-7

17
주님 안에서 기뻐하십시오
Rejoice in the Lord

주님 안에서 기뻐해야 한다고 성경은 말합니다. 하지만 우리가 항상 기뻐해야할 이유가 무엇입니까? 단지 이론이 아니라 실제적 이유가 있어야만 합니다. 우리에게는 기뻐할 구체적인 대상이 있어야만 합니다. 그리고 성경은 그저 아무것에나 기뻐하는 것이 아니라 그리스도 때문에 기뻐해야 한다고 말합니다. 그렇다고 다른 모든 기쁨을 거부해야 한다는 것이 아닙니다. 단지 이런 기쁨들은 오래가지 않는다는 것입니다. 이 땅에서 우리를 행복하게 해주는 모든 것들은 금세 사라져 버립니다. 세상의 즐거움은 단편적이고 일시적일 뿐입니다. 즐거움이 있으면 불행과 슬픔도 있기 마련입니다.

이 세상은 온갖 고통과 불확실함, 불화로 가득합니다. 세상적인 관점에서 보면 사라지지 않는 기쁨을 소유하는 것은 불가능한 일입니다. 세속적인 기쁨은 곧 사라진다는 것을 인정해야 합니다. 하지만 변치 않는 기쁨 없이 의미있는 삶을 살기란 어렵습니다. 우리는 이 기쁨을 어디서 찾아야 할까요? 그런 기쁨은 그리스도에게만 있습니다. 그 분을 통해 새로운 미래와 새로운 목표가 우리 앞에 열렸기 때문입니다.

이것이 "주님이 가까이 오셨습니다."라는 말씀이 뜻하는 내용입니다. 또한 이 말씀은 주님이 어디로 오시는지를 알려줍니다. 바로 여기 이 땅에 오시는 것입니다. 우리는 이 땅에서 평화의 주님이신 그리스도와 함께 선한 것을 경험할 수 있기 때문에 그 분 안에서 기뻐할 수 있는 것입니다. 우리 눈 앞에 그 미래의 하나님나라가 있습니다. 이것은 분명한 사실이기에 우리는 이 소망을 굳게 잡고 기뻐할 수 있습니다. 이것이 우리 신앙의 내용입니다. 이 신앙-평화의 주님이 오실 것과, 아직은 보이지 않지만 하나님나라가 이미 이루어진 것을 믿고 기뻐하는 신앙, 이하 '하나님나라에 대한 믿음'편집자- 때문에 우리는 결코 흔들리지 않고 확고할 수 있습니다. '하나님나라에 대한 믿음' 때문에 우리는 온 세상을 대적할 수 있습니다.

'하나님나라에 대한 믿음'은 하나님에 대한 '신념'이 아닙니다.

참된 믿음은 하나님에 대한 자연스럽고 자발적인 앎이기 때문입니다. 또한 '하나님나라에 대한 믿음'은 단지 그리스도에 대한 '신념'이 아닙니다. 왜냐하면 이 '믿음'은 현실에서 실현되어야하기 때문입니다. 우리는 그리스도가 누구인지를 압니다. '하나님나라에 대한 믿음'은 인간이 하나님으로 인해, 그리스도와 성령을 통해 지금과 다른 존재가 될 수 있다는 믿음입니다. 이것이 우리의 신앙입니다. 우리의 신앙은 무엇인가를 만들기 원합니다. 우리의 신앙은 온 인류가 수천 년 동안 힘을 다해 얻으려고 한 것을 이루기 원합니다. 만약 우리가 하나님나라를 믿으면서 동시에 인간이 행복할 수 있다는 것을 믿지 않는다면 우리 신앙은 사상누각沙上樓閣에 불과합니다. 하나님나라를 믿으면서 인간이 행복할 것이라고 믿지 못하는 신앙에 대해 우리는 이렇게 말할 것입니다. 이러한 신앙은 거짓이며, 보잘 것 없고, 우리를 지치게 하고, 약하고, 비겁하고, 그리고 온갖 의심과 두려움으로 가득한 것이다. 우리는 불안하고 이리저리 흔들리는 사람이 될 것입니다.

하지만 만약 우리 약한 인간이 이 땅에서 하나님과 인류를 위해 의의 수호자가 될 수 있다는 담대한 믿음을 가진다면, 우리가 우리의 시선을 이 일에 고정할 수 있다면, 우리 신앙은 확고하고 담대해질 수 있습니다. 이것은 하나님의 뜻일 뿐만 아니라 우리 영혼의 갈망이기도 합니다. 이런 믿음은 우리를 확고하고 강하게 만듭니다.디모데후서 1장 6-7절 그렇습니다. 인간은 비참한 존재로 태어난 것이 아닙니다. 하나님의 자녀들이 언제까지고 슬픔과 비참함 가운데 죽어가서는 안 됩니다. 언젠가는 인간이라는 사실이 영광스러운 일이 될 것이며, 모든 악과 불의에서 떠나 의와 진리와 기쁨으로 나아가게 될 것입니다. 우리 가슴 깊숙이 자리잡고 있는 이 소망은 또한 모든 사람의 염원이기에 결코 없어지지 않습니다.

그러나 종교적인 사람들은 다른 식으로 해결하려고 합니다. 이들은 인류의 미래를 지구 너머에서 찾으며 초자연적인 것들로부터 행복을 얻으려고 합니다. 사실 불행 속에서 고통을 겪는 사람들에게 '언젠가는 이 고통도 끝이 나고 죽음이 찾아오면 내 가련한 영혼은 하나님 품에서 안식을 누릴 거야'라는 믿음이 잠시 힘과 위로를 줄 수 있습니다. 하지만 이런 생각은 이제까지 우리의 삶에서 지속적이지 않았고, 우리를 생동감 있는 삶으로 이끌지도 못했습니다. 만약 마지막에 우리가 이 땅에서 경험하는 모든 비참함이 없어지지 않는다면, 죽음 이후의 삶에 집중하는 종교적인 신앙 안에서 우리가 진정한 기쁨을 누릴 수 있을지 없을지에 대해 의심할 수밖에 없습니다. 내게 찾아와 그리스도와 하나님나라에 대해 얘기하는 많은 사람들을 보면 각각 이런 생각들을 가지고 있었습니다. "지금 바로 이곳, 내 삶 속에서 나는 어떤 도움도 받을 수 없는 것인가요?" 또 얼마나 자주 사람들이 이렇게 말하는 것을 듣는지 모르겠습니다. "천국에 하나님은 계시지 않나요? 나는 언젠가 미래에 받을 축복이 아니라 바로 이 땅에서 기뻐하고, 죄로부터 자유로워지고, 그리고 진정한 남자와 여자가 되기 위한 도움이 필요합니다." 수많은 영혼이 우리를 향해 이렇게 부르짖고 있습니다. 만약 어떤 사람이 슬픔과 스트레스, 비참함 또는 죄와 왜곡된 것으로 가득한 삶이 아니라, 진리와 기쁨으로 가득한 삶을 누리기 원한다면, 이 부르짖음은 수많은 사람들의 마음속에서 솟아날 것입니다. 그 때 우리는 선포할 수 있습니다. "여러분의 부르짖음은 당연한 것입니다. 하나님은 지금 이곳에서 일하고 계시기 때문에 여러분은 이 부르짖음의 기도를 할 수 있습니다. 만약 여러분이 지금 우리가 살고 있는 이 땅에서의 삶이 마지막이며 모든 것이라고 생각하지 않는다면, 여러분의 생각은 옳습니다. ^{이사야 65장 17-25절} 만약 당신이 언젠가 이 땅 위에 평화와 기쁨으로 가득한 기독교 공동체가 생길 것이라고 믿는다면, 당신의 믿음은 역시 옳습니다. 이 사실을 믿으십시오! 하나님께서 하늘에 계신 것이 사실이듯이, 그리스도가 이 땅에 태어난 것이 확실한 것처럼, 복음이 전파된 것이 분명하듯이, 반드시 이 땅위에 하나님나라가 이뤄질 것입니다! 그러므로 아직 완성되기까지 기다려야 하겠지만 이 나라를 믿고 소망하십시오."

이런 소망을 붙잡고 있는 사람들은 '하나님나라'를 미래가 아니라 이미 지금 경험하고 있습니다. 이미 하나님의 나라는 이루어지고 있습니다. 하나님나라를 위해 서로 격려하는 공동체가 만들어지고 있다는 것이 그 증거입니다. 이러한 공동체로 인해 우리는 하나님나라에 대해 믿을 수 있습니다. 하나님나라는 이 땅에서 미리 보여져야 합니다. 사도 바울은 이것을 그리스도가 머리인 그리스도의 몸이라고 부릅니다._{고린도전서 12장 12-27절} 또 다른 성경에서는 이것을 모든 벽돌이 서로 들어맞게 쌓여져서 완성되는 집이라고 말합니다._{베드로전서 2장 4-12절} 그리고 예수님은 이것을 작은 양무리라고 부릅니다. 그 속에서 모두가 서로 사랑하고 서로 도우며, 미래를 위한 전사로서 세상에 빛을 비추어 환하게 만드는 자들이 됩니다. 우리는 무엇을 믿는지 알고 있습니다. 그러므로 우리는 믿는 바를 증명합니다. 그리고 우리는 우리 믿음을 삶으로 나타냅니다. 이런 식으로 하나님나라는 현재 임합니다. 하나님나라는 미래에 임하듯이 지금 여기에 임합니다.

그리스도 안에서 그런 공동체를 이 땅에 건설하기 위해서는 지금 확고한 신앙으로 모든 것에서 자유롭고 근심에서 벗어난 사람들이 있어야만 합니다. 사도들은 복음을 전파할 초기부터 이런 근심과 걱정에서 자유로운 삶을 추구하였습니다. 하지만 이것을 오해하지 마십시오. 우리 이웃에게 이렇게 말하는 것은 어리석은 것입니다. "걱정하지 마세요!" 누군가 세상에서 완전히 홀로 남겨진 채 아무도 관심 가져주지 않고 사람들로부터 따돌림 당하며 근심 걱정과 삶의 무게를 짊어진 채 힘겹게 생계를 책임져야 한다면 그에게 '걱정하지 마세요'라고 말하는 것은 죄악입니다.

오늘날 사람들은 이런 상황에 처한 수많은 이들을 보며 냉담하게 이런 말을 내뱉습니다. "그들은 걱정하지 않아도 됩니다. 일만 열심히 하면 먹고 살 걱정은 안 해도 됩니다." 이렇게 말하는 사람들은 그들의 불행을 보면서도 아무런 연민도 없이 지나칠 것입니다. 세상의 노동자들 대다수는 여전히 인간이하의 대우를 받고 있으며, 연대 없이 고립된 삶을 살고 있습니다. 누군가에게 구걸해야 한다거나 두 가지 이상 일을 해야 겨우 가족을 부양할 수 있다면 얼마나 비참한 일입니까? 그런데 너무나 많은 사람들이 이렇게 살고 있습니다. 인간으로서 의무를 다하고 존경받는 인간이 되고 싶지만 세금도 내지 못하고 사회에 이바지할 수 없다면 얼마나 가치 없는 존재란 말입니까? 그런 사람들에게 어떻게 그냥 "염려하지 말라"고 위로할 수 있단 말입니까? 이 얼마나 냉혹하고 무정한 짓입니까?

지금 온 세상이 근심과 걱정에 깊이 빠져있습니다. 부유한 나라라고 해서 예외일 수 없습니다. 하지만 예수님을 따르는 사회와 공동체 안에서는 이러한 근심과 걱정이 없을 수 있고 없어야만 합니다. 서로가 서로를 돌보기 때문입니다. 사도 바울이 "염려하지 말라"라고 말할 때는, 서로 결속하고 하나가 되어 아무도 "이것은 내 것이다"라고 말하지 않는 사람들과, "우리가 하나 되고 연대하여 걱정과 염려를 추방합시다. 모두가 함께 나누고 도와 근심을 몰아냅시다"라고 말하는 사람들의 공동체를 염두에 두고 한 말입니다. 이런 식으로 하나님나라가 임하는 것입니다. 처음에는 근심에서 자유로운 작은 모임으로 시작합니다. 그래서 예수님은 이렇게 가르치신 것입니다.

"이 모든 것은 모두 이방사람들이 구하는 것이요, 너희의 하늘 아버지께서는, 이 모든 것이 너희에게 필요하다는 것을 아신다.

너희는 먼저 하나님의 나라와 하나님의 의를 구하여라. 그리하면 이 모든 것을 너희에게 더하여 주실 것이다."^{마태복음 6장 32–33절}

그리스도가 이 땅에 오신 후부터 사람들은 이처럼 근심과 걱정에서 해방된 하나님나라의 공동체를 추구해왔습니다. 사람들이 공동체적인 삶으로 함께 연합할 때 엄청난 능력이 생깁니다. 사유재산이란 개념은 자취를 감추고 사람들은 성령 안에서 완전히 하나 되어 서로에게 말합니다. "내 것은 곧 모두의 것입니다. 내가 어려움에 처할 때 모두가 나를 도울 것입니다."^{고린도후서 8장 13–15절} 이처럼 공동체 삶 속에서 완전히 하나가 되어 서로서로 책임지는 삶 속에서만 우리는 "염려하지 말라"고 말할 수 있는 것입니다.

역사 가운데 사람들은 계속해서 이런 공동체를 시도해왔습니다. 하지만 구성원들이 서로 사랑하고 서로를 위해 희생하는 그리스도의 공동체는 한 번도 온전히 이루어진 적이 없었습니다. 그리스도가 의도하신 참된 의미의 기독교가 이처럼 힘을 잃은 것도 그 때문입니다. 모든 세대에 걸쳐 사람들은 근심 걱정이 전혀 없는 사회를 세우는 것이 그리스도의 원래 의도라는 것을 알고 있었습니다. 그리스도는 이 세상의 부와 명예를 구하지 말라고 말씀하셨습니다. 그리스도가 이렇게 말씀하신 데는 그의 백성들이 연합된 삶을 통해 당연히 서로 필요한 생계 수단을 제공할 것이라고 여기셨기 때문입니다. 사랑으로 연합하고 물질을 나누는 삶을 살면 먹고 입을 걱정은 안 해도 된다고 하신 말씀입니다.

계속해서 사람들은 이런 삶이 우리 사회가 갈 방향이라고 기대해왔습니다. 하지만 그런 삶이 온전한 모습으로 역사에 나타나지 않자 결국 기대를 포기하고 대신 소위 자선활동으로 대치해 버리고 가진 자가 가지지 못한 자에게 자선을 베푸는 것으로 만족해 버렸습니다. 이것이 수세기를 걸쳐 진행되어온 과정입니다. 많은 사람들이 여유 돈으로 여기 저기 가난한 이들을 돕는 길을 찾습니다. 하지만 이것은 예수 그리스도가 의도하신 바와 정반대입니다. 수많은 자선 단체 때문에 얼마나 많은 걱정거리가 더 생기고 있는지 모릅니다. 수백만의 사람들은 여전히 이런 저런 단체에서 어떻게 하면 돈을 조금이라도 받을 수 있을까 안달하며 염려합니다. 종종 자선단체에게 거부당하는 사람들도 있습니다. 이 세상 자선단체가 실패하더라도 당황하지 마십시오. '자선'은 해답이 아닙니다. 오히려 진정 우리에게 필요한 것을 가로막고 있습니다. 자선을 통해선 사람들이 걱정하지 않도록 만들 수 없습니다. 근심 걱정이 있다면 우리는 하나님나라를 위해 일할 수 없습니다. 그러므로 함께 연합하고 하나가 됩시다. 예수님의 하나 된 공동체가 반드시 이 땅에 태어나야 합니다.

어떻게 해야 이것이 가능할까요? 우리는 그게 어떤 것인지에 대한 감각을 상실해버렸습니다. 그리스도를 따르던 이들이 오순절 때처럼 유기적인 연합을 계속 유지하지 못한 이유 가운데 하나는 너무 많은 이교도의 삶의 방식을 끌어들였기 때문입니다. 공동체 구성원들은 자신들이 완전히 변화하기 전에 세상을 변화시키려 했습니다. 구성원들이 준비도 되지 않은 상태에서 수많은 사람들을 공동체의 교제 안으로 모으려는 것은 단순하게 생각해도 불가능한 일입니다. 만약 여러분이 특히 물질적이고 욕심이 많고 자유롭지 않으며 어떤 것이든 기꺼이 하기 원하는 마음이 없는 사람들을 모임에 끌어 들이려 한다면 더욱 어렵습니다. 차라리 그런 사람들은 외부에 살면서 세상일을 걱정하는 게 낫습니다. 이런 이들은 동역자로 함께 싸우기에는 적합하지 않습니다.

무엇보다 마음의 자유, 세상에서 우리를 유혹하는 것들로부터 자유가 필요합니다. 그럴 때 우리는 모든 염려에서 벗어날 수 있습니다. 일단 모든 염려에서 자유롭고 생계를 걱정하지 않을 수 있다면 우리는 정말 많은 일을 할 수 있지 않을까요? 그게 그리 어려운 게 아닙니다. 그저 사람들이 서로 연합해서 내가 어려울 때 다른 이들이 도울 거란 확신만 있으면 되는 것입니다. 반대로 "다른 사람들에게 의지하지 않게 나를 위해 저축을 해야지"라고 생각하거나, 남들은 가난하더라도 나는 부자가 되겠다고 욕심낸다면 기독교 공동체는 망할 것입니다. 이것은 흉내만 냈을 뿐 그리스도의 몸은 아닌 것입니다.

이런 이유에서 나는 "영적인" 공동체−실제적인 삶의 필요를 외면하고 같은 이름의 교회 안에서 주일 예배만 드리는 공동체^{편집자}−에 대해 별로 관심이 없습니다. 그런 공동체는 오래 가지 못합니다. 사람들은 일정기간 친구가 될 수 있지만 결국에는 갈라서게 됩니다. 공동체가 지속하려면 어떤 영적인 경험보다 훨씬 더 깊은 토대가 있어야 합니다. 만일 육적이고 물질적인 것들에서 공동체가 되지 못한다면 영적인 문제에서도 마찬가지입니다.사도행전 2장 42-47절 인간은 단지 영혼이 아닙니다. 우리는 살과 피로 이루어진 존재입니다. 우리는 날마다 먹어야 살고, 계절 따라 입어야 합니다. 우리는 도구를 함께 써야 합니다. 우리는 함께 일해야 합니다. 각자 자신만을 위해서 일하는 것이 아니라 공동으로 일해야 합니다. 그렇지 않으면 그리스도의 사랑 안에서 하나가 될 수 없습니다. 예수님을 따르는 공동체가 되어 세상을 향해 "이제 모든 것이 완전히 바뀌었습니다. 이제 개개인은 자신을 위해 살기를 멈추고 형제와 자매의 공동체가 되어야 합니다"라고 외치는 일도 불가능합니다.

　이런 식으로 우리가 염려를 던져버리길 예수님은 원하셨습니다. 하지만 기독교인들은 사람들이 가난과 비참한 환경 속에서 어떻게 살아야 할지 도무지 길을 찾을 수 없는 불가능한 상황 속에서도 그저 믿음을 가지라고 요구합니다. 고통과 어려움 가운데 처한 이들을 찾아와서 이렇게 외칩니다. "그냥 단순하게 믿으십시오! 그러면 모든 것이 해결될 것입니다. 천국이 당신을 기다리고 있습니다." 이렇게 외치는 것은 현실적으로 불가능하며 터무니없는 요구입니다.야고보서 2장 14-18절 하나님나라는 단지 죽음 이후의 미래의 나라일 수 없습니다. 너무 많은 이들이 이것을 미래의 일로 여기고 있지만, 적어도 그리스도 교회 공동체 안에서는 서로 하나 되길 힘쓰고 사랑하는 가운데 근심이 사라지는 일이 있어야 합니다.

예수님의 공동체는 죽음^{사망}과 지옥의 문들보다 강해야 합니다. 모든 면에서 철저히 순수성을 지켜야 하며, 공동체성 뿐만이 아니라 정직함을 가져야 합니다. 누구라도 혹 이런 저런 장점을 가지고 태어났더라도 특별히 높아져야 한다고 생각해선 안 됩니다. 공동체에서는 인간의 미덕이 아니라 하나님의 미덕이 중요합니다. 관습이나 사람들의 견해나 최근 유행이나 사회적 결정이 아니라 하나님 앞에서 올바른 것만이 참으로 옳습니다. 이런 공동체가 나타날 때 하나님의 백성은 미움을 받을 것입니다. 이런 공동체의 사람들은 온 세상 사람들의 면전에 대고 이렇게 대놓고 말할 것입니다.

"당신들의 관습은 거짓됩니다! 당신들의 호전적 방식을 우리가 좋아하리라 생각합니까? 우리가 당신들의 교만과 질투와 자기애와 개인이 취한 부^富를 용납할거라 생각합니까? 절대 아닙니다! 이런 거짓과 부정을 따를 바엔 차라리 가난을 택할 것입니다"

예수 그리스도의 공동체는 이런 삶의 방식 때문에 사람들의 미움을 자초합니다. 공동체는 모든 세상의 방식을 거부합니다. 우리가 원하는 것은 오직 하나님이며, 그분의 다스림입니다! 이러한 삶은 곧 격렬한 싸움을 불러옵니다.

그래서 예수님도 이렇게 말씀하신 것입니다.

"생명으로 이끄는 문은 너무나도 좁고, 그 길이 비좁아서, 그것

을 찾는 사람이 적다."마태복음 7장 14절

기독교인들을 포함해 대다수 사람들은 이 세상을 동경하며 그 앞에 무릎을 꿇습니다. 이 세상의 왕이 찾아와 재물로 유혹할 때 그들은 예수 그리스도가 하신 대로 하지 않습니다. 예수님은 이 세상의 왕에 대해 외쳤습니다. "물러가라! 나는 네 재물로 다스리지 않겠다."

그러나 사탄이 다가올 때 사람들은 대부분 무릎을 꿇고 생각합니다. "오, 나는 사탄이 주는 세상의 영광과 돈을 가지고도 하나님과 잘 지낼 수 있어. 실제로는 모든 게 훨씬 더 좋아질 거야." 대다수가 이렇게 타협합니다. 그래서 오늘날 많은 그리스도인들이 그렇게도 세속적인 것입니다.

자신을 스스로 속이지 마십시오. 이것은 비그리스도인들에게만 해당되지 않습니다. 사실, 나는 그리스도인들보다 더 신앙적으로 사는 비그리스도인들을 알고 있습니다. 오히려 그리스도인들이 신앙을 갖고도 사람들 앞에서 명예와 영광을 좇을 가능성이 더 많습니다. 그리스도인들은 아무 것이나 좋은 게 좋다는 식으로 받아들이면서도 성경구절을 들먹이며 자기를 합리화합니다. 성경 구절이나 내뱉는다고 다 해결되지 않습니다. 세상에는 성경을 한 구절도 입에 올리지 않으면서도 하나님과 진리와 사랑과 인류애를 위해 싸우는 이들이 있습니다. 이들은 가난한 사람들이 비참한 현실에서 벗어날 수 있도록 싸웁니다. 이들이 하나님의 이름을 전혀 사용하지 않을지라도 주님께서 이렇게 말씀하시리라고 나는 믿습니다.

"너는 나의 기쁨에 참여하라."

"저는 당신을 섬긴 적이 없습니다."

"아니다, 너는 나를 섬겼다. 어려운 사람들을 도와주고, 네가 사는 땅을 더 나은 곳으로 만들기 위해 한 모든 것이 나에게 한 것이니라."

누가 알겠습니까? 천국에 들어가는 사람들 대다수는 이런 비그리스도인일지도 모릅니다. 그 나라에서 중요하게 여기는 자질을 그들이 가졌기 때문입니다.

믿음의 사람들은 손으로 만져지는 무언가를 이루어야만 합니다. 여러분이 어떤 것을 이룰 필요가 없다고 생각하지 마십시오. 우리는 오직 은혜로 구원받는다고 믿어왔습니다. 나도 그렇게 믿습니다. 하지만 우리가 은혜로 구원받았다면 이제 뭔가를 성취해야 합니다. 당신이 누군가의 호의로 어떤 회사의 직원이 되었다고 합시다. 하지만 일단 회사에 들어간 이상 당신에게는 일할 의무가 있습니다. 천국에서건 이 땅에서건 소위 은혜라는 것 가운데 편안히 쉬며 아무 것도 하지 않고 아무도 돌보지 않는다는 것은 도저히 생각할 수 없습니다. 은혜로 구원받았다면 나는 이제 은혜로 일꾼이 된 것입니다. 만일 내가 은혜로 의롭게 되었다면 이제 은혜로 의를 위해 일해야 합니다. 내가 만일 은혜로 진리 안에 거하게 되었다면 이제 은혜로 진리의 종이 된 것입니다. 만일 내가 은혜로 평화를 누린다면 이제 나는 은혜로 평화의 종이 되는 것입니다. 은혜로 내게 주어진 것을 내버리고 아무도 돌보지 않는다면 그것은 잘못된 길입니다. 은혜를 통해 내가 어떤 사람이 되던 간에 그것은 나를 일꾼이 되게 합니다. 그리고 일꾼만이 중요합니다. 게으른 자는 필요 없습니다.

하나님 눈에는 일꾼이 특별합니다. 그러므로 늘 이것만 생각하십시오. '하나님의 뜻은 무엇입니까?' 하지만 사람들은 이런 생각을 하지 못합니다. 어떻게 해야 우리가 이것을 할 수 있을까요? 바로 여기서 '자기 부인the denial of self'이 시작됩니다. 자기 부인의 삶이 시작된 사람은 이렇게 생각할 것입니다. '이것이 하나님의 뜻이라면 또한 나의 뜻이 될 것이며 내 마음의 소망이 될 것입니다. 하나님이 이것을 원하신다면 나도 원할 것이며, 하나님의 뜻이기에 반드시 이루어져야 합니다. 하나님의 뜻을 위해 나는 일어설 것이며 내 몸과 생명을 바칠 것입니다.' 라고 말입니다. 이것이 하나님을 위한 산 제물이 되어 진실로 우리 삶을 헌신하는 길입니다. 삶의 전부를 드리는 희생과 헌신이 있어야 비로소 우리는 하나님의 일을 감당할 수 있습니다.

하나님의 뜻을 위해 자신을 드리십시오! 결코 헛되지 않을 것입니다. 진리를 위해, 하나님의 의를 위해 자신을 드리십시오. 합리적인 것을 추구하는 인간의 이성과 충돌하더라도 진짜 선한 것을 위해 자신을 헌신하십시오. 모든 삶 가운데 그리스도를 위해, 하나님나라를 추구하는 교회 공동체를 위해 자신을 드리십시오.

거기에 엄청난 능력이 있습니다. 과거에 이 때문에 수 천 명이 목숨을 잃어야 했습니다. 그들은 잔인한 고문을 받으면서도 기쁘게 목숨을 바쳤습니다. 그들은 하나님의 뜻에 굳게 서 있었기에 약해지지 않을 수 있었습니다. 오늘날 사람들은 십자가를 어떻게든 피하려고 합니다. 누구도 과감히 도전하는 이가 없고, 아무도 목숨을 걸지 않으려 합니다. 우리는 조금만 상황이 나빠져도 움츠리고 물러납니다. 다른 사람이 어떻게 생각할까 두려워합니다. 하지만 그리스도 안에서 끝이 없는 기쁨을 누리고 싶다면 우리 자신을 희생하는 법을 배워야 합니다. 다른 길은 없습니다. 이 세상에서 자기를 희생하며 하나님을 위해 일하는 자들이 없다면 세상은 결코 나아지지 않을 것입니다.

편안한 기독교는 세상을 바꿀 수 없습니다.

주님 안에서 기뻐하십시오! 그의 나라를 소망하며 기뻐하십시오! 형제와 자매가 참된 자기 부정과 자유 안에서 하나 되어 사는 공동체, 서로 비난하지 않고 진리를 분명히 볼 줄 아는 교회 공동체에 속한 용감한 전사로서 주안에서 기뻐하십시오! 이런 마음으로 함께 연합하십시오! 하나님의 미래를 위해 과감히 일어서십시오. 그러면 끝없는 기쁨을 알게 될 것입니다. 그리스도에게 사로잡힌 사람은 누구든지 이 싸움에서 승리할 것입니다.

그는 바로 눈앞에서 그 승리를 보게 될 것입니다. 바로 그 날, 하나님의 영광을 위한 그 싸움에서 승리한 후에 모든 사람이 기뻐하는 날을 보게 될 것입니다

블룸하르트의 '아침 묵상' 이라는 책에 대해
칼 바르트가 1916년 9월 「Freie Schweitzer Arbeiter」라는
잡지에 기고한 논평에서 발췌

후기

by Karl Barth

　먼저 이 책을 보려는 신학자들 그리고 정치적 사고에 익숙한 사람들에게 미리 주의를 주어야겠다는 생각이 든다. 이 책을 대충 훑어본 다음 실망하거나 탐탁지 않게 여기며 구석으로 밀어 넣는다면 여러분에게 무척 불행한 일이 될 것이다. 다른 책이나 글을 대하는 것처럼 이 책을 읽어선 안 된다. 블룸하르트 목사는 어떤 신앙생활지침을 제공하지 않는다. 또한, 그는 역사적 논증이나 심리학적 결론을 말하지 않으며, 문제들을 사변적으로 파고들어 결론을 도출하고 자신의 체계를 만들지 않는다. 그는 아무도 반박하지 않으며, 누구도 반박 당한다는 느낌을 가질 필요도

없다. 또한 누구의 견해에도 동조하지 않는다. 그는 정확한 원칙으로 자신이나 어느 누구도 규정짓지 않는다.

사실 블룸하르트는 특정 견해를 설명하려고 하지 않는다. 대신 블룸하르트는 성경이 매일 그의 마음속에서 만들어 내는 울림을 우리가 경험할 수 있도록 도와준다. 그는 폭죽을 터트리거나 충격을 줄만한 어떤 기발한 것을 말하지 않는다. 그는 자신이 이 세상에서 발견한 신적 진리the divine truth를 단순하게 말하고 있을 뿐이다. 나는 현대에 세상을 소란스럽게 하는 문제나 갈등들에 대해서 그가 할 말이 많으리라고 생각하지 않는다. 그는 이런 문제에 대해 아무 말도 하지 않을 것이다. 그에게는 이런 문제보다 더 중요한 것이 있기 때문이다. 블룸하르트는 다른 차원에서 해답이 올 것이라고 기대하는 게 분명하다.

블룸하르트가 이 모든 문제들 곁을 무심히 지나쳐가는 것에 대해 우리는 그에게 이의를 제기해야 할까? 그렇지 않다. '하나님의 미래 완성'이란 주제를 다룬 수많은 책들이 있었지만 우리와 같이 희망을 원하는 모든 사람들에게 이렇게 완전한 기쁨을 나눌 수 있는 책은 없었다. 내가 블룸하르트에게서 받은 가장 깊은 인상 가운데 하나는 그의 제사장적 모습이다. 블룸하르트는 우리 대부분의 사람들이 하지 못하는 것을 할 수 있다. 그것은 세상과 싸우지 않으면서 세상에서 하나님의 뜻을 보여주는 것이다. 그것은 세상을 사랑하면서도 하나님께 완전하게 충성하는 것이다. 그리고 그것은 세상과 함께 아파하면서 세상의 필요에 대해 솔직하게 이야기하는 동시에 세상이 구원받아야 한다고 직언하는 것이다. 그는 하나님 앞에서, 하나님을 향해 쉬지 않고 흔들림 없이 "하나님의 나라가 임하게 하소서!"라고 간청한다. 그리고 다른 사람들과 함께 하나님나라가 임하는 것을 간절히 기다리며 그 나라가 앞당겨지기를 재촉한다. 블룸하르트는 이렇게 이 세상을 하나님께 이끌어 놓고, 또 하나님을 이 세상으로 모셔 내려올 수 있다. 인간이 할 수 있는 것 중에 이것보다 멋지고 희망적인 일이 있을까? 아마도 없을 것이다.

내가 받은 또 하나의 강한 인상은, 첫 번째 것과 실제로 동일한 것일지도 모르지만, 블룸하르트의 눈에 비친 진리가 매우 유기적organic이라는 사실이다. 그는 해석하지도 않으며 세세하게 분석하지 않는다. 그는 증명하거나 논쟁하지 않는다. 그는 단 한 순간도 인간의 비참한 상황을 독립된 주제로 바라보지 않는다. 그것은 처음부터 '하나님나라' 안에 깊이 관련되어 있다. 블룸하르트는 하나님을 어둠에서 빛을 창조하는 분이라고 생각한다. 블룸하르트의 비전은 사변적이고 분석적인 이론과는 비교할 수 없는 아주 생생한 것이다.

블룸하르트는 언제나 하나님의 임재와 권능, 그리고 하나님의 일하시는 목적과 함께 시작한다. 그는 하나님으로부터 출발한다. 그는 하나님께 도달하기 위한 명상이나 사색으로 시작하지 않는다. 하나님은 마지막이시고, 하나님은 시작점이시다. 그러하기에 그분이 완성하실 것을 기다린다. 블룸하르트는 하나님의 계시를 믿는다. 그는 가장 일상적인 것들 속에서 그 계시를 보기 때문이다. 그는 하나님의 승리를 믿는다. 악evil 또한 하나님의 손 안에 있다고 보기 때문이다. 이런 주된 인식을 토대로 블룸하르트는 두 가지 실재에 마주한다. 그는 한 편으로는 세상의 어려움에 대한 통찰력을 가지고 있고, 다른 한 편에는 그것이 해결될 것이라는 기쁜 소망을 가지고 있다. 어떤 사람이나 어떤 상황이라도 하나님의 넓은 울타리 안에 있다. 우리의 연약한 본성 옆에는 하나님의 능력이 있다. 이런 식으로 처음부터 인간의 연약한 본성 역시 넓은 범위에서 하나님을 위해 준비된 것이다.

블룸하르트가 세상의 문제에 대해 느낀 깊은 고통과 미래에 대한 확신에 찬 기대는 하나님의 창조 안에서 누리는 기쁨으로 가득한 믿음의 토대로부터 나온 것이다. 그것은 결국 하나님에 대한 단순한 신뢰이기도 한다. 그는 악evil 또한 하나님의 뜻에 굴복해야한다고 이야기하면서 하나님은 선하시지만 이 세상에 악이 있다는 것을 결코 떼어놓고 생각하지 않았다. 블룸하르트가 가졌던 하나님의 섭리에 대한 믿음은 새 하늘과 새 땅에 대한 소망, 그리고 진리는 사람들의 마음속으로 언젠가 들어갈 것이라는 소망의 자연스런 결과이다. 심지어 블룸하르트에게는 전쟁조차도 의미를 가지고 있다. 블룸하르트는 전쟁과 같은 일들을 심판으로 여겼다. 하지만 이 심판이란 말은 그에게 암울하거나 비극적인 의미가 아니라 기쁘고 희망적인 의미를 가진다. "지금은 우리를 구원으로 한발 더 가까이 가게 하는 심판의 시대이며, 이것은 동시에 은혜의 시대이다." 왜냐하면 예수님과 함께 미래에 올 선함과 능력이 이미 시작됐기 때문이다. 여기에 모든 것의 열쇠가 있다. 이 선함을 위해 세상과 자연은 함께 부름을 받았다. 이 선함은 우리 시대에 우뚝 솟아있으며 완성을 향해 나아가고 있다.

하지만 어떻게 해야 이 모든 것이 현실로 이루어질 것일까? 블룸하르트는 두 가지 해결책을 말한다. 그 한 가지는 하나님에게 있다. "하나님, 오직 당신만이 도울 수 있습니다!" 또 하나의 해결책은 우리 손에 있다. "구하고. 구하십시오. 그러면 얻을 것입니다. 그리고 구하는 것이 바로 우리가 새 창조에 참여하고 돕는 행위인 것입니다." 블룸하르트는 하나님나라의 도래가 하늘과 땅, 양쪽의 활동인간은 구하고, 하나님은 일하시는을 통해 준비가 이루어지고, 하나님나라가 실제로 임하시는 것은 보이는 세계가 아닌 보이지 않는 세계에 따른 것이라고 생각했다.

다시 말해서, 만약 이 땅에서 어떤 새로운 것이 생겨난다면, 하나님을 통해 이루어진다는 것이다. 하지만 우리 편에서는 진리와 의의 씨를 뿌릴 수 있다. 블룸하르트는 자연스럽게 그에게 중요한 성서의 개념에 도달하게 된다. 그것은 바로 '하나님의 시온 Zion'이라는 것이다. '하나님의 시온'이란 자신의 구원이 아니라 세상의 구속을 위해 그리스도를 중심으로 모이는 작은 무리이다. 이 사람들은 하나님의 뜻과 하나님의 미래를 특별한 방법으로 세상에 드러낸다. 그 특별한 방법은 바로 '함께 모여서gathering 기다리는waiting 것'이다.

'하나님의 시온'들은 무엇을 해야 할까? 무엇보다 중요한 한 가지는 이것이다. "우리의 모든 행위는 하나님의 능력에서 나와야 한다"라는 것을 가슴 깊이 새기고 그 지식을 따라 흔들림 없이 살아가는 것이다. '하나님의 시온'들은 '그들이 무엇인가를 하지 않는 것'으로 가장 잘 설명될 수 있다. 이처럼 잠잠하게, 간절히 기대하면서 하나님만을 향하는 태도를 블룸하르트는 '기다리기waiting'라고 불렀다. 우리는 블룸하르트가 말한 '기다리기waiting' 속에 품고 있는 심오한 깊이를 가볍게 지나치지 말아야 한다. 왜냐하면 우리는 너무나 자주 이 '기다리기waiting'를 '편안하게 앉아서 아무 것도 하지 않는 것'과 같은 엉터리 개념으로 대체해 버리기 때문이다. 블룸하르트가 의미하는 '기다리기waiting'란 비록 처음 시작은 내면을 향하는 것 같지만 본질에 있어서는 다음과 같이 혁명적이다. "주 하나님, 새롭게 하소서! 우리를 새롭게 만드소서!" '기다리는' 행위는 편안히 앉아서 옛 질서인 현 상태에 순응하는 것과는 정반대의 태도이다. 블룸하르트에게 하나님의 행위와 인간의 행위는 기계적이 아니라 유기적으로 밀접하게 서로 연결되어 있다. 일상의 삶 가운데 우리를 통해 사람들이 그리스도를 볼 수 있게 하는 것, 그것이 우리의 소명이며 임무이다.

우리가 하나님을 향해 이처럼 "하나님나라가 도래하도록 재촉하면서hasten 기다릴wait" 때 하나님이, 우리가 아닌 그 하나님께서 그 나라의 완성을 준비하실 것이다. 지금 이미 이루어진 것을 통해, 그리고 하나님의 권능 안에서 기대하며 사는 사람들 속에서 그 미래는 소리 없이 눈에 띄지 않게 이루어지고 있다. 언제 그 미래는 최종적으로 우리에게 나타날까? 이 미래가 모든 사람이 볼 수 있게 드러나려면 무엇이 필요할까? 이런 질문은 의미가 없다. 왜냐하면 하나님나라의 도래를 기다리는 사람들은 모든 것 속에서 하나님의 위대한 미래를 이미 경험하고 있기 때문이다.